Vereinsrecht

132 Tipps für die Vereinsarbeit

Christof Wörle-Himmel

So nutzen Sie dieses Buch

Die folgenden Elemente erleichtern Ihnen die Orientierung im Buch:

Beispiele

Hier finden Sie Beispiele, die den dargestellten Sachverhalt veranschaulichen.

! Hier finden Sie zahlreiche Tipps für alle Bereiche des Vereinslebens.

Auf den Punkt gebracht

Am Ende jedes Kapitels finden Sie eine kurze Zusammenfassung des behandelten Themas.

Inhalt

Einige Worte vorneweg

Dieses Buch ist für diejenigen gedacht, die sich in einem gemeinnützigen Verein engagieren. Es soll Sie in Ihrem täglichen Engagement begleiten und Ihnen bei Ihren Fragen zur Seite stehen. Ich habe vielfach die Erfahrung gemacht, dass der Alltag in Vereinen weniger durch rein rechtliche Fragen geprägt ist, als durch die Vereinsaktivitäten selbst, die aus der Satzung, deren Aufgaben und Zielen hervorgehen. Was allerdings oft unterschätzt wird, sind die steuerlichen Auswirkungen dieser Aktivitäten – hier gilt es, besonders aufzupassen!

Das Buch kann nicht den Anspruch haben, alle Themen rund um das Vereinsrecht erschöpfend zu behandeln. Wenn Sie Fragen zu bestimmten Einzelfällen haben, vertrauen Sie sich am bestem dem Rat von Fachleuten an. Vielleicht aber trägt das Bändchen dazu bei, dass Sie in Ihrer tagtäglichen Arbeit (Gestaltungs-)Chancen besser wahrnehmen und Grenzen rechtzeitig erkennen können – und Sie sind natürlich mit dem Hintergrundwissen, das Sie sich hier aneignen können, ein kompetenter Gesprächspartner für Ihren Steuerberater oder Anwalt.

Viele, aber nicht alle Tipps können sicherlich auch für die Mitarbeit in politischen Parteien, in Gewerkschaften oder in Berufsverbänden Hilfestellungen bieten. Dennoch gilt es zu beachten, dass solche Organisationen in vielfacher Hinsicht Sonderregelungen unterliegen, die den Rahmen dieses Buches sprengen würden.

Der Verein – von der Idee bis zur Gründung

Vorteile der Rechtsform „e. V."

Der Verein ist eine verhältnismäßig einfach zu handhabende Rechtsform, die sehr flexibel den Bedürfnissen der Beteiligten angepasst werden kann. Zu Unrecht hat er manchmal mit dem Vorurteil zu kämpfen, eine reine „Stammtischrunde" zu sein. Seine Vorteile sind vor allem:

- Der Verein ist eine juristische Person und damit rechtlich selbstständig. Er kann z. B. Verträge in eigenem Namen abschließen.
- Die wesentlichen rechtlichen Verhältnisse sind im Vereinsregister veröffentlicht. Deshalb ist er im Rechtsverkehr anerkannt.
- Die Haftung der Mitglieder und des Vorstandes gegenüber Gläubigern des eingetragenen Vereins ist grundsätzlich ausgeschlossen.
- Die Satzung kann recht frei gestaltet und damit den Bedürfnissen aller Beteiligten angepasst werden.
- Der Verein benötigt kein Mindestkapital, das im Rahmen der Gründung oder später aufgebracht werden müsste. Die Kehrseite der Medaille ist allerdings, dass der Verein nur für nicht wirtschaftliche Zwecke errichtet werden kann.

Die Gründung des Vereins

Die Gründung eines Vereins erfolgt in der Regel in einer Versammlung der Gründer. In dieser Gründungsversammlung sollten sich die Beteiligten auf eine Vereinssatzung einigen – zwei Gründer reichen übrigens völlig aus. Für die Eintragung im Vereinsregister sind dann allerdings mindestens sieben Mitglieder erforderlich.

Tipp 1: Gründerkreis klein halten

Halten Sie den Kreis der Gründer klein, dann kann effektiver über den Zweck und die Aufgaben sowie die Aufgabenverteilung der Gremien des Vereins diskutiert werden. Weitere Mitglieder können nach der Gründungsversammlung – aber noch vor der Anmeldung des Vereins zum Vereinsregister – beitreten.

Die Formulierung der Satzung ist wesentlich, damit Sie Ihre späteren Vereinsaktivitäten auf sicherer Grundlage durchführen können. Eine vorherige Überprüfung durch Fachleute ist deshalb sehr empfehlenswert.

Tipp 2: Lassen Sie den Satzungsentwurf prüfen

Reichen Sie den Entwurf der Satzung vor der Gründungsversammlung beim Finanzamt und ggf. auch beim Amtsgericht ein, wenn es sich dazu bereit erklärt! Siehe auch Tipp 5, 6 und 15.

Die Gründungsversammlung

Die Gründung eines Vereins erfolgt in der Regel in einer ersten Mitgliederversammlung durch die zukünftigen Mitglieder des Vereins: der Gründungsversammlung.

> **Tipp 3: Sorgfältige Vorbereitung**
>
> Bereiten Sie die Gründungsversammlung und die Unterlagen, die Sie später für die Registeranmeldung benötigen, sorgfältig vor!

Wenn Sie das Protokoll der Gründungsversammlung und die Vereinssatzung bereits vor der Gründungsversammlung entwerfen und mit den Beteiligten diskutieren, dann wissen alle meist sehr gut, was in der Gründungsversammlung wichtig ist. In der Gründungsversammlung selbst ist es meist schwierig, die Satzung zu ändern, weil notwendige Folgeänderungen an einer anderen Stelle der Satzung leicht übersehen werden.

Das Protokoll über die Gründungsversammlung sollte mindestens folgende Punkte enthalten:

- Datum und Ort
- Teilnehmer
- Einigung der Teilnehmer auf einen Versammlungsleiter und einen Protokollführer
- Beratung und Feststellung der Vereinssatzung
- Wahl der Vorstandsmitglieder, ggf. Wahl weiterer Gremien

- Festsetzung des Mitgliedsbeitrags, sofern ein solcher erhoben werden soll

Die Registeranmeldung

Mit der Gründungsversammlung entsteht der Verein als sog. Vorverein. Zum rechtsfähigen Verein wird er erst durch die Eintragung im Vereinsregister. Dafür muss er beim Vereinsregister aber erst angemeldet werden.

Tipp 4: Anmeldung durch den Vorstand

Die erste Anmeldung sollte durch alle Vorstandsmitglieder erfolgen. Erkundigen Sie sich bei Ihrem Registergericht, ob ggf. auch die Anmeldung durch die Vorstandsmitglieder in vertretungsberechtigter Anzahl ausreicht.

Anmeldung durch alle Vorstandsmitglieder

Der Verein hat vier Vorstandsmitglieder. Die Satzung bestimmt, dass der Verein jeweils durch zwei Vorstandsmitglieder gemeinsam vertreten wird. Die erste Registeranmeldung sollte durch alle Vorstandsmitglieder erfolgen, wenn nichts anderes mit dem Registergericht abgesprochen ist. Für alle weiteren Anmeldungen reicht dann die Beteiligung von zwei Vorstandsmitgliedern aus.

Um den Verein beim Registergericht anzumelden, verfassen Sie ein Schreiben an das Vereinsregister. Die Schriftform reicht aus. Allerdings müssen die Erklärungen öffentlich beglaubigt sein. In der Regel nimmt die Beglaubigung ein Notar vor.

Tipp 5: Notar oder Anwalt beauftragen

Sie können einen Notar oder Rechtsanwalt beauftragen, das Anmeldungsschreiben zu entwerfen und nach der Beglaubigung der Unterschriften dem Registergericht zuzuleiten. Zwingend ist dies nicht, es erleichtert jedoch die Einhaltung der rechtlichen Vorgaben.

Das Anmeldungsschreiben muss folgende Informationen enthalten:

- Name und Sitz des Vereins
- Nennung der Mitglieder des Vorstandes mit Geburtsdatum und Anschrift
- Angaben zur Vertretungsmacht der Vorstandsmitglieder

Als Anlagen müssen Sie dem Anmeldungsschreiben beifügen:

- Die Satzung in Urschrift und Abschrift. Die Satzung muss von mindestens sieben Personen unterzeichnet sein und den Tag der Errichtung enthalten. Die Urschrift erhalten Sie mit dem Eintragungsvermerk des Registergerichts zurück.
- Eine Abschrift der Urkunden über die Bestellung des Vorstandes. Dies ist i. d. R. das Gründungsprotokoll.

Das Registergericht prüft, ob alle Voraussetzungen vorliegen, um den Verein in das Register einzutragen. Manchmal

Tipp 8: Mögliche Szenarien durchspielen

Spielen Sie im kleinen Kreis verschiedene Varianten durch, wie die Satzung auszulegen ist, wenn dieses oder jenes Ereignis eintritt oder Streitigkeiten oder Uneinigkeiten aufkommen. Es ist hilfreich, wenn die Satzung eine klare Entscheidung ermöglicht.

Tipp 9: Satzung „schlank" halten

Nicht alles muss in der Satzung geregelt sein! Ist die Satzung mit Programmsätzen oder allzu differenzierten oder schwer verständlichen Regelungen überfrachtet, so kann dies die Aktivität im Verein lähmen.

Rechtlich erforderlich ist lediglich, folgende Punkte in der Satzung zu regeln:

- Name und Sitz des Vereins
- der nichtwirtschaftliche Zweck und die Aufgaben des Vereins
- Bestimmungen über Eintritt und Austritt der Mitglieder
- Bestimmungen darüber, ob und welche Beiträge von den Mitgliedern zu leisten sind
- Bestimmungen über die Bildung des Vorstandes
- Bestimmungen über die Voraussetzungen, unter denen die Mitgliederversammlung einzuberufen ist, über die Form der Einberufung und über die Beurkundung der Beschlüsse

Vereinsname und Zusatz „e. V."

Der Name des Vereins kann grundsätzlich frei gewählt werden. Er soll sich von den Namen der am selben Ort oder in derselben Gemeinde bestehenden eingetragenen Vereine deutlich unterscheiden. Fantasienamen sind erlaubt – es muss sich aber noch um einen Namen handeln, also nicht z. B. um sinnlose Buchstabenreihungen. Nicht erlaubt ist z. B. „AA AAA e. V.". Der Name darf auch nicht geeignet seien, Täuschungen über die Art, den Zweck, die Größe, das Alter, die Bedeutung im Vergleich mit anderen Vereinen oder über die sonstigen Verhältnisse hervorzurufen. Deshalb hat die Rechtsprechung z. B. die Bezeichnung „Kammer" beanstandet, weil der Eindruck einer öffentlich-rechtlichen Organisation erweckt würde. Der Name darf schließlich nicht das Namensrecht anderer Personen verletzen. Eine rechtliche Auseinandersetzung über den Namen kann schnell sehr kostspielig werden, deshalb:

Tipp 10: Recherchieren Sie gründlich

Recherchieren Sie z. B. im Internet, in Telefonbüchern oder in einschlägigen Zeitschriften sorgfältig, ob der gewünschte Name des Vereins noch frei ist. Fragen Sie zum Beispiel am Amtsgericht oder bei der IHK nach!

Aus der Satzung muss sich außerdem ergeben, dass der Verein im Register eingetragen werden soll. Meist wird die Formulierung aufgenommen: „Der Verein soll in das Vereinsregister eingetragen werden und führt nach der Eintragung den Zusatz ‚e. V.'" Den Zusatz „e. V." darf der Verein erst nach der Eintragung führen!

Tipp 11: Auf den Zusatz „e. V." achten

Wenn Sie im Namen des Vereins handeln, achten Sie darauf, dass Sie immer den Zusatz „e. V." angeben. Falls Sie dies nicht tun, besteht die Gefahr, dass Sie für Schulden des Vereins persönlich in Anspruch genommen werden.

Der Sitz des Vereins

Der in der Satzung bestimmte Sitz des Vereins ist üblicherweise der Ort, an dem auch die Verwaltung des Vereins stattfindet. Dies ist aber nicht zwingend – Sie können auch einen anderen Vereinssitz wählen. Für steuerliche Zwecke ist allerdings meist der Verwaltungssitz maßgebend. Ob zwei Sitze in der Satzung genannt werden können, ist umstritten, i. d. R. ist es jedoch nicht zu empfehlen.

Tipp 12: Versammlungen am Ort des Vereinssitzes

In der Regel müssen Mitgliederversammlungen an dem Ort abgehalten werden, der in der Satzung als Sitz des Vereins bezeichnet ist.

Soll hiervon abgewichen werden, so sollte dies in der Satzung ausdrücklich klargestellt werden. Zum Beispiel kann dem Vorstand die Wahl des Versammlungsorts überlassen werden.

Zweck und Aufgaben des Vereins

Der Zweck ist der oberste Leitsatz der Vereinstätigkeit, der den Charakter des Vereins bestimmt und in dem das alle Mitglieder verbindende gemeinsame Interesse ausgedrückt wird. Es kommt aber nicht darauf an, dass dieser Leitsatz in der Satzung ausdrücklich als „Zweck" bezeichnet wurde.

Tipp 13: Unterscheiden Sie Aufgaben und Zweck

Differenzieren Sie sorgfältig zwischen dem Zweck und den Aufgaben des Vereins! Zur Änderung des Vereinszwecks ist die Zustimmung aller Mitglieder erforderlich – auch die der nicht erschienenen Mitglieder. Sie müssen sich in diesem Fall schriftlich äußern. Eine gewöhnliche Satzungsänderung, wie sie in den Vereinssatzungen geregelt ist, reicht für die Änderung des Zwecks des Vereins nicht aus.

Das Vereinsrecht verlangt, dass der Zweck nicht auf einen wirtschaftlichen Geschäftsbetrieb gerichtet ist. Der Vereinszweck darf außerdem nicht gegen die guten Sitten oder gegen ein Gesetz verstoßen. Um gemeinnützig zu sein, dürfen nur bestimmte, im Gesetz definierte Zwecke verfolgt werden:

Mildtätiger Zwecke (§ 53 AO). Dies ist die Unterstützung von Personen, die infolge ihres körperlichen, geistigen oder seelischen Zustands auf die Hilfe anderer angewiesen sind oder aus wirtschaftlichen Gründen der Hilfe bedürfen.

Kirchliche Zwecke (§ 54 AO). Hierzu gehört nur die Förderung einer Religionsgemeinschaft, die Körperschaft des öffentlichen Rechts ist.

Gemeinnützige Zwecke (§ 52 AO). Hierzu zählt das Gesetz folgende Zwecke:

- die Förderung von Wissenschaft und Forschung;
- die Förderung der Religion;
- die Förderung des öffentlichen Gesundheitswesens und der öffentlichen Gesundheitspflege, insbesondere die Verhütung und Bekämpfung von übertragbaren Krankheiten, auch durch Krankenhäuser, und von Tierseuchen;
- die Förderung der Jugend- und Altenhilfe;
- die Förderung von Kunst und Kultur;
- die Förderung des Denkmalschutzes und der Denkmalpflege;
- die Förderung der Erziehung, Volks- und Berufsbildung einschließlich der Studentenhilfe;
- die Förderung des Naturschutzes und der Landschaftspflege im Sinne des Bundesnaturschutzgesetzes und der Naturschutzgesetze der Länder, des Umweltschutzes, des Küstenschutzes und des Hochwasserschutzes;
- die Förderung des Wohlfahrtswesens, insbesondere der Zwecke der amtlich anerkannten Verbände der freien Wohlfahrtspflege, ihrer Unterverbände und ihrer angeschlossenen Einrichtungen und Anstalten;

- die Förderung der Hilfe für politisch, rassisch oder religiös Verfolgte, für Flüchtlinge, Vertriebene, Aussiedler, Spätaussiedler, Kriegsopfer, Kriegshinterbliebene, Kriegsbeschädigte und Kriegsgefangene, Zivilbeschädigte und Behinderte sowie Hilfe für Opfer von Straftaten; Förderung des Andenkens an Verfolgte, Kriegs- und Katastrophenopfer; Förderung des Suchdienstes für Vermisste;
- die Förderung der Rettung aus Lebensgefahr;
- die Förderung des Feuer-, Arbeits-, Katastrophen- und Zivilschutzes sowie der Unfallverhütung;
- die Förderung internationaler Gesinnung, der Toleranz auf allen Gebieten der Kultur und des Völkerverständigungsgedankens;
- die Förderung des Tierschutzes;
- die Förderung der Entwicklungszusammenarbeit;
- die Förderung von Verbraucherberatung und Verbraucherschutz;
- die Förderung der Fürsorge für Strafgefangene und ehemalige Strafgefangene;
- die Förderung der Gleichberechtigung von Frauen und Männern;
- die Förderung des Schutzes von Ehe und Familie;
- die Förderung der Kriminalprävention;
- die Förderung des Sports (Schach gilt als Sport);
- die Förderung der Heimatpflege und Heimatkunde;

- die Förderung der Tierzucht, der Pflanzenzucht, der Kleingärtnerei, des traditionellen Brauchtums einschließlich des Karnevals, der Fastnacht und des Faschings, der Soldaten- und Reservistenbetreuung, des Amateurfunkens, des Modellflugs und des Hundesports;
- die allgemeine Förderung des demokratischen Staatswesens im Geltungsbereich dieses Gesetzes; hierzu gehören nicht Bestrebungen, die nur bestimmte Einzelinteressen staatsbürgerlicher Art verfolgen oder die auf den kommunalpolitischen Bereich beschränkt sind;
- die Förderung des bürgerschaftlichen Engagements zugunsten gemeinnütziger, mildtätiger und kirchlicher Zwecke.

!

Tipp 14: Förderverein in Satzung festhalten

Soll der Verein diese Zwecke nicht selbst verfolgen, sondern als Förderverein die Zwecke anderer Einrichtungen unterstützen, so muss dies in der Satzung niedergelegt sein!

!

Tipp 15: Gemeinnützigkeit prüfen lassen

Reichen Sie den Entwurf der Gründungssatzung vor der Gründung beim Finanzamt ein. Die Finanzämter prüfen sorgfältig, ob die Satzung die Voraussetzungen für die Gemeinnützigkeit erfüllt.

Tipp 16: Alle Zwecke in Satzung festhalten

Der Verein ist nicht steuerbefreit, soweit er Zwecke verfolgt, die nicht der Satzung entsprechen. Dies gilt auch dann, wenn diese Zwecke eigentlich steuerbegünstigt wären. Enthält die Satzung aber gemeinnützige Zwecke, die nicht verfolgt werden, so muss sie erst geändert werden, wenn diese Zwecke vollständig aufgegeben werden.

Weder Vereinsrecht noch Steuerrecht untersagen dem gemeinnützigen Verein völlig jede unternehmerische Tätigkeit. Diese darf jedoch nur eine untergeordnete Rolle spielen. Steuerpflichtige Tätigkeiten dürfen allerdings aus steuerrechtlichen Gründen nicht in die Satzung aufgenommen werden.

Das Geschäftsjahr

Das Geschäftsjahr bestimmt den Rhythmus, in dem über die Tätigkeiten des Vereins Rechnung gelegt werden muss. Die Satzung muss keine Bestimmungen über das Geschäftsjahr enthalten. Das Geschäftsjahr darf allerdings nicht länger als zwölf Monate sein.

Tipp 17: Geschäftsjahr = Kalenderjahr

Da die Voraussetzungen für die Gemeinnützigkeit immer für das jeweilige Kalenderjahr nachgewiesen werden müssen, sollte das Geschäftsjahr regelmäßig mit dem Kalenderjahr übereinstimmen.

Der Eintritt von Mitgliedern

Die Satzung muss Bestimmungen über den Eintritt und den Austritt von Mitgliedern enthalten. Eigentlich sollte es selbstverständlich sein, dass bekannt ist, wer Mitglied des Vereins ist oder werden kann. In der Praxis ist dies aber erfahrungsgemäß nicht selten zweifelhaft. Das hat oft erhebliche Folgen: Ein Beschluss der Mitgliederversammlung kann z. B. bereits deshalb unwirksam sein, weil einzelne Mitglieder nicht eingeladen worden sind oder Personen sich an der Abstimmung beteiligt haben, die nicht Mitglieder sind.

Tipp 18: Ein- und Austritt regeln

Schaffen Sie in der Satzung klare, transparente und leicht dokumentierbare Bestimmungen über den Eintritt und Austritt von Mitgliedern!

Es sollte z. B. die Schriftform für Aufnahmeanträge vorgesehen werden. Wollen Sie festlegen, dass die Mitgliedschaft mit der Aufnahmebestätigung beginnt, so sollte das Absendedatum als Mitgliedschaftsbeginn gelten, da es leichter zu dokumentieren ist als der Zugang beim Mitglied.

Tipp 19: Berechtigte und Verfahren festlegen

Stellen Sie in der Satzung klar, wer im Verein über einen Aufnahmeantrag entscheidet und ob ein bestimmtes Aufnahmeverfahren eingehalten werden soll!

Der Vorstand kann z. B. sehr viel flexibler und schneller Entscheidungen über die Aufnahme neuer Mitglieder treffen als die Mitgliederversammlung, die vielleicht nur einmal im Jahr stattfindet. Möglich, aber nicht zu empfehlen ist es auch festzulegen, dass Interessenten bereits allein durch einen Aufnahmeantrag (ohne eine Aufnahmebestätigung) Mitglieder werden können.

In der Satzung sollte auch festgelegt werden, wer Mitglied des Vereins sein kann. Dabei besteht die Möglichkeit, juristische Personen wie z. B. GmbHs oder Aktiengesellschaften, natürliche Personen oder auch Personengruppen oder Personengesellschaften zur Mitgliedschaft zuzulassen – oder auch nicht.

Es ist auch möglich, die Mitgliedschaft an bestimmte Voraussetzungen zu binden. Man kann zum Beispiel regeln, dass die Mitglieder ein bestimmtes Alter haben oder einen bestimmten Beruf ausüben sollen.

Tipp 20: Wegfall von Voraussetzungen – Folgen

Wenn Sie die Mitgliedschaft an bestimmte Voraussetzungen binden, dann sollten Sie in der Satzung klarstellen, ob die Mitgliedschaft automatisch entfällt, wenn die Voraussetzungen nicht mehr vorliegen. Meist wird es besser sein, in solchen Fällen nur die Möglichkeit vorzusehen, das betreffende Mitglied auszuschließen.

Manchmal stellt sich die Frage, ob ein **Recht auf Aufnahme** in einen Verein besteht. Dies ist aber in der Regel nicht der Fall. Eine Pflicht des Vereins, bestimmte Mitglieder aufzunehmen, kann sich in seltenen Fällen aus dem Gesetz oder daraus ergeben, dass der Verband eine Monopolstellung besitzt.

Minderjährige, also Personen, die das 7., aber noch nicht das 18. Lebensjahr vollendet haben, sind lediglich beschränkt geschäftsfähig. Sie können, wenn die Satzung nichts anderes bestimmt, einen Verein gründen und auch Mitglieder eines Vereins sein, wenn ihre gesetzlichen Vertreter (Eltern, Vormund) einwilligen. Nur ausnahmsweise, nämlich dann, wenn mit der Mitgliedschaft lediglich ein rechtlicher Vorteil oder zumindest keinen Nachteil verbunden ist, ist die Einwilligung nicht erforderlich. Haben Eltern oder Vormund die Einwilligung erteilt, so darf das Kind oder der Jugendliche in der Regel auch alle Rechte und Pflichten aus der Mitgliedschaft wahrnehmen. Die Einwilligung kann eingeschränkt oder widerrufen werden.

Der Austritt aus dem Verein

In der Satzung kann geregelt werden, in welcher Form und mit welcher Frist der Austritt erklärt werden muss und zu welchem Zeitpunkt er wirksam wird. Es gibt keine Möglichkeit, den Austritt aus dem Verein völlig auszuschließen. Durch die Satzung kann aber bestimmt werden, dass der Austritt nur am Ende eines Geschäftsjahres oder erst nach dem Ablauf einer Kündigungsfrist zulässig ist; die Kündigungsfrist darf höchstens zwei Jahre betragen. Bei Arbeitnehmerverbänden sind kürzere Kündigungsfristen zwingend.

Tipp 21: Kündigungsfrist kann de facto länger sein

Die Kündigungsfrist ist nicht unbedingt der in der Satzung festgelegte Zeitraum.

Längere Kündigungsfrist

Sieht die Satzung z. B. den Austritt mit einer Frist von sechs Monaten zum Ende eines Kalenderjahres vor, so kann die Kündigungsfrist fast 18 Monate betragen: Der im Juli erklärte Austritt wirkt erst zum Ende des nachfolgenden Jahres.

Tipp 22: Vorstand an Satzung gebunden

Der Vorstand ist an die Kündigungsregelungen in der Satzung gebunden. Er kann keine abweichenden Vereinbarungen treffen und etwa das Mitglied früher aus dem Verein entlassen.

Der Austritt darf nicht unzulässig erschwert werden:

Unzulässige Erschwernisse

Unzulässig ist es z. B. zu verlangen, die Unterschrift unter die Austrittserklärung notariell zu beglaubigen oder den Austritt nur zuzulassen, wenn bestimmte Zahlungen geleistet werden. Der Austritt muss auch nicht begründet werden.

Der fristlose Austritt: Auch wenn bestimmte Fristen für den Austritt vorgesehen sind, so kann das Mitglied ausnahmsweise vorher austreten, wenn ein wichtiger Grund vorliegt. Ein „wichtiger Grund" liegt dann vor, wenn dem

Mitglied nicht zuzumuten ist, bis zum Ablauf der satzungsgemäßen Kündigungsfrist im Verein zu bleiben.

Tipp 23 Wichtiger Grund: Kündigungsfrist abwarten

Der „wichtige Grund" bezieht sich auf das Zuwarten bis zum Ablauf der Kündigungsfrist, nicht z. B. auf die Schwere eines Zerwürfnisses zwischen dem Verein und dem Mitglied generell. Achten Sie darauf, dass bei der Beurteilung alle Umstände des Einzelfalls berücksichtigt werden. Dabei müssen die Interessen des Vereins gegen die des Mitglieds abgewogen werden.

Tipp 24: „Wichtigen Grund" in Satzung aufnehmen

Ob ein wichtiger Grund vorliegt, ist stets Frage des Einzelfalls. Die Satzung kann hier aber bestimmte Punkte regeln, die als wichtiger Grund gelten sollen.

Sollten die Voraussetzungen für einen fristlosen Austritt nicht vorliegen, ist davon auszugehen, dass das Mitglied trotzdem austreten will: Der fristlose Austritt soll also durch eine ordentliche Kündigung zum nächstmöglichen Zeitpunkt ersetzt werden. Zwingend ist dies aber nicht.

Tipp 25: Absicht deutlich machen

Wollen Sie oder Mitglieder den fristlosen Austritt erklären, so sollte klargestellt werden, ob die Austrittserklärung als ordentliche Kündigung gilt, wenn ein wichtiger Grund nicht vorliegen sollte.

Der Ausschluss eines Mitglieds

Es ist rechtlich nicht zwingend, den Ausschluss eines Mitglieds in der Satzung zu regeln. Jedoch sind Regelungen hierzu zu empfehlen. In jedem Fall muss der Ausschluss eines Mitglieds eine satzungsgemäße Grundlage haben – ohne eine solche Grundlage ist er nur aus wichtigem Grund möglich.

Tipp 26: Ausschlussverfahren regeln

Regeln Sie ein möglichst transparentes und nachvollziehbares Verfahren für den Ausschluss eines Mitglieds in der Satzung!

Tipp 27: Ausschlussgründe festlegen

Bestimmen Sie möglichst konkrete Ausschlussgründe. Diese müssen nicht notwendig besonders schwer wiegen, sie dürfen aber auch keine Willkür zulassen.

Mögliche Ausschlussgründe in der Satzung

Wegfall von Voraussetzungen für die Aufnahme eines Mitglieds, Rückstand mit der Zahlung von Beiträgen trotz Mahnung, Insolvenz des Mitglieds.

Wird in der Vereinssatzung ein Ausschlussverfahren zugelassen, so müssen für einen wirksamen Ausschluss alle Satzungsbestimmungen eingehalten werden.

Ordnungsgemäßer Ausschluss

Entscheidet mangels einer anderen Bestimmung in der Satzung die Mitgliederversammlung über den Ausschluss eines Mitglieds, so muss der Beschluss ordnungsgemäß zustande gekommen sein: Er muss z. B. in der Tagesordnung bei der Einladung angekündigt sein und darf nicht unter dem Punkt „Verschiedenes" verhandelt werden.

In vielen Fällen richten Vereine für das Ausschlussverfahren besondere Gremien wie z. B. Schiedsgerichte ein oder legen besondere Verfahrensordnungen fest. In solchen Fällen sind diese dann auch maßgeblich. Ist der Ausschluss als Strafe zu sehen und findet eine mündliche Verhandlung statt, so hat das betroffene Mitglied regelmäßig das Recht, persönlich angehört zu werden.

Tipp 28: Vereinfachtes Ausschlussverfahren

Die Satzung kann auch ein vereinfachtes Ausschlussverfahren vorsehen, z. B. das Streichen von der Mitgliederliste in leicht feststellbaren Fällen (keine Beitragszahlung, Wegzug).

Lebt der Verein vom persönlichen Engagement aller Mitglieder, so ist ein solches vereinfachtes Verfahren zu empfehlen, um nicht völlig uninteressierte Mitglieder über Jahre hinweg „mitzuschleppen".

Tipp 29: Automatisches Mitgliedschaftsende

Die Satzung kann auch vorsehen, dass in bestimmten Fällen die Mitgliedschaft automatisch erlischt.

Es bleibt aber wichtig, dass für den Vereinsvorstand leicht feststellbar ist, wer noch Mitglied ist. Daher sollte von der Möglichkeit des automatischen Erlöschens der Mitgliedschaft nur dann Gebrauch gemacht werden, wenn die Voraussetzungen für den Vorstand leicht erkennbar sind.

Gegen Strafen oder den Ausschluss kann das betroffene Mitglied die staatlichen Gerichte anrufen. Dieser Rechtsweg kann durch die Satzung nicht vollständig ausgeschlossen werden. Die Gerichte achten die Souveränität des Vereins. Der Schwerpunkt der gerichtlichen Nachprüfung liegt daher darauf, ob das in der Satzung vorgesehene Ausschlussverfahren formell eingehalten wurde. In sachlicher Hinsicht prüft das Gericht lediglich, ob Verstöße gegen Gesetze oder die Satzung vorliegen und ob darüber hinaus der Ausschluss nicht grob unbillig und willkürlich ist.

Tipp 30: Gerichtliche Prüfung des Verfahrens

Müssen Sie mit einer gerichtlichen Überprüfung des Ausschlussverfahrens rechnen, so legen Sie ein besonderes Augenmerk darauf, die formalen Vorschriften der Satzung einzuhalten und dem Mitglied ausreichend die Möglichkeit zu geben, Gehör zu finden.

Mitgliedsbeiträge und Umlagen

Das Gesetz verlangt Bestimmungen in der Satzung darüber, ob und welche Beiträge von den Mitgliedern zu leisten sind. Beiträge können Geldleistungen, Sachleistungen oder auch Dienste sein. In der Regel handelt es sich um Geldleistungen. Dabei kommt es nicht darauf an, ob die Beiträge in regelmäßigen Abständen zu leisten sind oder nur von Fall zu Fall (z. B. Aufnahmegebühr, Eintrittsgeld, Umlagen, Geldstrafen). Die Höhe muss nicht unbedingt in der Satzung geregelt sein, es muss aber klar sein, wer darüber entscheidet.

Tipp 31: Satzung – Fälligkeit, aber kein Betrag

In die Satzung sollte kein konkreter Betrag aufgenommen werden, denn jede Änderung wäre dann zugleich eine Satzungsänderung und beim Vereinsregister anzumelden. Regeln Sie aber in der Satzung, wann die Beiträge fällig sind (zum Beispiel zum 1. Januar eines jeden Kalenderjahres) und wie im Falle eines Beitritts oder der Beendigung der Mitgliedschaft zu verfahren ist.

Regelungen, wie mit Beiträgen bei Beendigung der Mitgliedschaft zu verfahren ist, dürfen aber nicht zu einer unzulässigen Erschwerung des Austritts führen (vgl. Tipp 27)!

Tipp 32: Unterschiedliche Beiträge zulässig

Gestaffelte Beiträge sind zulässig! Es können auch Gruppen von Mitgliedern von der Beitragspflicht ausgenommen werden.

Falls Sie unterschiedliche Beiträge vorsehen wollen, darf die Ungleichbehandlung der Mitglieder aber nicht auf willkürlichen und sachfremden Gründen beruhen.

Verlag C. H. Beck oHG, Wilhelmstraße 9, 80801 München, AG München HRA 48045
Telefon (089) 3 81 89-750 · Fax (089) 3 81 89-402 · Internet: www.beck.de

Tipp 33: Mindestbeitrag möglich

Sie können auch nur einen Mindestbeitrag vorsehen und es dem Mitglied überlassen, zur Förderung des Vereinszwecks einen höheren Beitrag zu bezahlen. Auch dies muss aber aus der Satzung hervorgehen!

Sie können in die Vereinssatzung auch die Möglichkeit aufnehmen, dass unter bestimmten Voraussetzungen eine Umlage erhoben wird. Eine Umlage ist allerdings nur möglich, sofern sie weitestgehend dem Vereinszweck dient: Sie kann z. B. zur Deckung eines größeren Finanzbedarfs erhoben werden, der mit den regelmäßigen Beiträgen nicht erfüllt werden kann.

Tipp 34: Vorsicht bei Umlagen!

Aus Gründen des Mitgliederschutzes muss die Satzung die Voraussetzungen der Umlageerhebung hinreichend bestimmt regeln und eine Obergrenze, ggf. auch den Berechnungsmodus, festlegen.

Der Vorstand und seine Vertretungsberechtigung

Das Gesetz verlangt, dass die Satzung Bestimmungen über die Bildung des Vorstandes enthält. Gemeint ist damit, ob der Vorstand aus einer Person besteht oder sich aus mehreren Personen zusammensetzt.

Tipp 35: „Vorstand" kann auch anders heißen

Es kommt nicht darauf an, wie die Satzung den Vorstand bezeichnet (z. B. Bundesvorstand, Obmann, Geschäftsführer).

Mit „Vorstand" im Sinne des Vereinsrechts ist immer das Gremium gemeint, das zur Vertretung des Vereins berechtigt ist. Dies muss in der Satzung klargestellt sein, z. B. durch die Formulierung „Vorstand im Sinne des § 26 BGB ist ...".

Tipp 36: Rechte der Vorstände

Die vertretungsberechtigten Vorstände müssen nicht identisch mit den Vorständen sein, die zur Geschäftsführung des Vereins berechtigt sind. Häufig wird z. B. ein „erweiterter Vorstand" vorgesehen.

Tipp 37: Vorstandspositionen benennen

Sie sind frei darin, wie Sie die Vorstandspositionen bezeichnen (z. B. Vorsitzender, Stellvertreter, Schatzmeister, Kassenführer etc.).

Wenn mit der Bezeichnung der Vorstandsposition eine Regelung der Vertretung des Vereins verbunden ist, wird aber diese Bezeichnung im Vereinsregister eingetragen:

Beispiel für eine entsprechende Satzungsregelung:

„Der Verein wird vertreten durch den Vorsitzenden oder seinen Stellvertreter, jeweils gemeinsam mit dem Schatzmeister."

Der Vorstand i. S. d. § 26 BGB ist der gesetzliche Vertreter des Vereins. Er vertritt den Verein gerichtlich und außergerichtlich. Besteht der Vorstand aus mehreren Personen, so sollte die Satzung regeln, ob diese den Verein jeweils einzeln oder gemeinsam vertreten. Fehlt es an einer solchen Regelung, so müssen im Zweifel alle Vorstandsmitglieder gemeinsam handeln.

Der Vorstand darf den Verein grundsätzlich in allen Angelegenheiten vertreten und alle (Rechts-)Geschäfte für ihn erledigen. Der Umfang der Vertretungsmacht des Vorstandes kann durch die Satzung mit Wirkung gegen Dritte beschränkt werden – dies muss dann aber in das Vereinsregister eingetragen werden. Andernfalls besteht die Gefahr, dass sich der Verein darauf nicht berufen kann.

Beispiel für die Beschränkung der Vertretungsmacht

Geschäfte ab einer bestimmten Wertgrenze (z. B. 5.000 Euro) dürfen nur mit Zustimmung der Mitgliederversammlung abgeschlossen werden.

Tipp 38: Vorsicht, auf Handlungsfähigkeit achten!

Regelungen zur Beschränkung der Vertretungsmacht können den Verein handlungsunfähig machen und sollten daher nur in begründeten Fällen in die Satzung aufgenommen werden.

Tipp 39: Geschäftsführer beschäftigen

Der Vorstand kann sich für die Geschäftsführung des Vereins grundsätzlich auch ohne entsprechende Satzungsregelung fest angestellten Personals (z. B. eines Geschäftsführers) bedienen. Er kann jedoch die Geschäftsführung nicht vollständig übertragen.

Das Problem vieler Vereine ist es, dass der ehrenamtliche Vorstand nach der Satzung zwar gesetzlicher Vertreter des Vereins ist. Er muss sich aber aufgrund des begrenzten Zeitbudgets und aufgrund der für das Tagesgeschäft notwendigen Sachkenntnis der hauptamtlichen Mitarbeiter häufig darauf beschränken, diese zu überwachen. In solchen Fällen kann der ehrenamtliche Vorstand seinem Auftrag und damit der ihm übertragenen Verantwortung nicht mehr gerecht werden.

Tipp 40: Aufsichts-/Verwaltungsrat einrichten

In einem solchen Fall sollte die Satzung dahin gehend geändert werden, dass den hauptamtlichen Mitarbeitern die gesetzliche Vertretung übertragen wird und die ehrenamtlich Tätigen ihren Einfluss über einen Aufsichts- oder Verwaltungsrat wahrnehmen.

Die **Bestellung des Vorstandes** erfolgt regelmäßig durch die Mitgliederversammlung. Sie kann aber auch einem anderen Vereinsorgan, etwa der Delegiertenversammlung oder einem Ausschuss der Mitgliederversammlung, übertragen werden. Selbst die Bestellung des Vorstandes durch eine Stelle außerhalb des Vereins ist denkbar.

Die Abberufung des Vorstandes erfolgt durch das Organ, das ihn bestellt hat. Trifft die Satzung keine andere Regelung, so ist die Vorstandsbestellung frei widerrufbar.

Tipp 41: Beschränkung der Abberufung

Die Abberufung des Vorstandes kann beschränkt werden. Sie kann z. B. davon abhängig gemacht werden, dass ein wichtiger Grund vorliegt. Die Satzung sollte möglichst genau bestimmen, wann die Voraussetzungen für die Abberufung gegeben sind.

Tipp 42: Amtsdauer des Vorstandes

Schreibt die Satzung eine bestimmte Amtsdauer fest, so hat sich die Regelung bewährt, dass der Vorstand nach Ablauf der Amtsdauer so lange im Amt bleibt, bis ein Nachfolger gewählt ist. Auf diese Weise ist die Vertretung des Vereins gesichert.

Vielfach ist die Bestellung des Vorstandes an bestimmte Voraussetzungen geknüpft – z. B. soll der Vorstand einen bestimmten Beruf ausüben, ein bestimmtes Alter haben oder Mitglied des Vereins sein.

Tipp 43: Wegfall von Voraussetzungen

Stellen Sie in der Satzung klar, ob der Vorstand im Amt bleibt, wenn die in der Satzung genannten Voraussetzungen nicht mehr vorliegen!

Als weiteres Vertretungsorgan kann durch die Satzung bestimmt werden, dass neben dem Vorstand für gewisse Geschäfte ein sog. **besonderer Vertreter gem. § 30 BGB** zu bestellen ist. Die Vertretungsmacht eines solchen Vertreters erstreckt sich im Zweifel auf alle Rechtsgeschäfte, die der ihm zugewiesene Geschäftskreis gewöhnlich mit sich bringt. Soll dadurch die Vertretungsmacht des Vorstandes entsprechend begrenzt sein, so bedarf dies einer ausdrücklichen Regelung in der Satzung. Häufig wird der besondere Vertreter gem. § 30 BGB bestellt, um das Dilemma der Aufgabenverteilung zwischen den hauptamtlich und den ehrenamtlich Tätigen zu überbrücken.

Die Mitgliederversammlung

Einberufung

Nach dem Gesetz muss die Satzung Bestimmungen über die Voraussetzungen enthalten, unter denen die Mitgliederversammlung einzuberufen ist, und über die Form der Einberufung.

Gesetzlich bestimmt ist, dass die Mitgliederversammlung einzuberufen ist, wenn es die Interessen des Vereins erfordern. Darüber hinaus ist der Verein weitgehend frei zu bestimmen, ob die Mitgliederversammlung zu bestimmten Zeitpunkten und in bestimmten Abständen einzuberufen ist.

Tipp 44: Versammlung etwa einmal jährlich

Üblicherweise sieht die Satzung eine Mitgliederversammlung einmal jährlich vor.

Möglich ist aber auch, dass die Mitgliederversammlung nach der Satzung z. B. nur alle vier Jahre stattfindet. Dies schließt grundsätzlich nicht aus, dass die Mitgliederversammlung über die Satzungsbestimmungen hinaus auch öfter stattfindet.

Die Satzung kann auch festlegen, dass ein bestimmter Anteil der Mitglieder die Einberufung einer Mitgliederversammlung verlangen kann. Fehlt es an einer solchen Bestimmung, so können 10 % der Mitglieder die Einberufung schriftlich unter Angabe des Zwecks und der Gründe verlangen.

Gesetzliche Bestimmungen über die Form, in der eine Mitgliederversammlung einzuberufen ist, gibt es nicht. Übliche Formen sind zum Beispiel:

Beispiele für Formen der Einberufung

Veröffentlichung der Einladung in einer bestimmten Tageszeitung oder der Vereinszeitschrift, Aushang in einer Geschäftsstelle des Vereins oder Einladung durch Brief oder per E-Mail.

Muss in einem Verein mit 5.000 Mitgliedern zu einer Mitgliederversammlung eingeladen werden, in der z. B. die Neufassung der Satzung beschlossen werden soll, so fallen schnell hohe Kosten für eine Einladung per Brief an, wenn zur Vorbereitung der Mitgliederversammlung der Wortlaut der neuen Satzung mit verschickt werden muss. Deshalb:

Tipp 45: Einladung kostengünstig halten

Der Aufwand für die Einladung sollte möglichst kostengünstig gehalten werden. Darüber hinaus sollte eine gut dokumentierbare Einladungsform gewählt werden, damit die Ordnungsmäßigkeit im Streitfall nachgewiesen werden kann. Die Einladung per E-Mail ist kostengünstig und kann über die Sendeprotokolle dokumentiert werden, sie setzt aber voraus, dass die Mitglieder per E-Mail auch erreichbar sind.

Tipp 46: Verschiedene Einladungsformen

Die Satzung kann auch verschiedene Einladungsformen nebeneinander vorsehen. Maßstab muss aber sein, dass die Mitglieder auch tatsächlich die Möglichkeit haben, von der Einladung Kenntnis zu erhalten. Eine Satzungsbestimmung, die die Veröffentlichung der Einladung wahlweise in der Tageszeitung A oder der Tageszeitung B vorsieht, wird daher in der Regel nicht zulässig sein.

Die genaue und klare Beschreibung der Form der Einladung ist besonders wichtig, da eine fehlerhafte Einladung zur Unwirksamkeit sämtlicher Beschlüsse führen wird, die in der Mitgliederversammlung gefasst werden.

Regelmäßig sollte auch die **Frist** zur Einladung transparent geregelt werden. Eine solche Regelung sollte zudem berücksichtigen, dass den Mitgliedern eine angemessene Zeitspanne für die Vorbereitung auf die Mitgliederversammlung bleibt. Bei deutschlandweit tätigen Vereinen wird die Einladungsfrist daher länger sein als bei Vereinen, deren Wirkungskreis sich auf eine Stadt begrenzt.

Wahlen und Abstimmungen in der Mitgliederversammlung

Das Gesetz enthält keine zwingenden Vorgaben, mit welchen Mehrheiten in der Mitgliederversammlung entschieden wird und ob bestimmte Voraussetzungen an die Beschlussfähigkeit gestellt werden.

Ohne entsprechende Satzungsregelungen werden daher in der Mitgliederversammlung die Beschlüsse mit der **einfachen Mehrheit** der abgegebenen gültigen Stimmen gefasst. Stimmenthaltungen und ungültige Stimmen zählen dabei nicht mit.

Zu einem Beschluss, der eine **Änderung der Satzung** enthält, ist – wenn die Satzung nichts anderes bestimmt – eine Mehrheit von drei Vierteln der erschienenen Mitglieder erforderlich. Zur **Änderung des Vereinszwecks** sieht das Gesetz die Zustimmung aller Mitglieder vor. Die Zustimmung der nicht erschienenen Mitglieder muss schriftlich erfolgen. Die Satzung kann hiervon abweichen, insbesondere zur Änderung des Zwecks bedarf es hierzu aber einer ausdrücklichen Bestimmung (vgl. Tipp 13).

Besondere Anforderungen an die Beschlussfähigkeit der Mitgliederversammlung stellt das Gesetz ebenfalls nicht. Bestimmt die Satzung nichts anderes, so ist auch eine Mitgliederversammlung beschlussfähig, wenn nur ein stimmberechtigtes Mitglied erschienen ist.

Tipp 47: Anforderungen an Beschlussfähigkeit

Die Satzung sollte geringe Anforderungen an die Beschlussfähigkeit stellen. Hohe Anforderungen verhindern zwar Zufallsergebnisse – hat der Verein aber viele passive Mitglieder, die nicht an der Versammlung teilnehmen, lähmt dies die Handlungsfähigkeit.

Grundsätzlich ist die Abgabe der Stimme an die Person des Mitglieds gebunden. Die Stimmrechtsübertragung oder die Vertretung bei der Stimmabgabe ist i. A. nicht zulässig.

Tipp 48: Stimmrechtsvertretung regeln

In die Satzung sollte aufgenommen werden, dass und unter welchen Voraussetzungen die Vertretung bei der Stimmabgabe zulässig ist. Um Zufallsergebnisse zu vermeiden, kann die Anzahl der Stimmen, die ein Vertreter eines Mitglieds abgibt, begrenzt werden.

Damit die Stimmabgabe juristischer Personen nicht davon abhängig ist, dass z. B. ein Geschäftsführer einer GmbH selbst an der Mitgliederversammlung teilnimmt oder Untervollmachten ausstellt, kann Folgendes geregelt werden:

Tipp 49: Bevollmächtigte bei Gesellschaften

Juristische Personen und Personengesellschaften sollten als Mitglieder aufgrund einer Satzungsregelung Bevollmächtigte benennen müssen. Diese sind dann Ansprechpartner für den Verein und zeichnen für die Rechte und Pflichten eines Mitglieds verantwortlich.

Form der Beurkundung der Beschlüsse der Mitgliederversammlung

Nach dem Gesetz muss die Satzung Bestimmungen über die Beurkundung der Beschlüsse enthalten. Einzelheiten sind hier dem Verein überlassen. So müssen Beschlüsse zwar schriftlich niedergelegt werden, eine Beurkundung, z. B. durch einen Notar, ist aber nicht erforderlich. Das Gesetz verlangt auch grundsätzlich nur, dass die Beschlüsse beurkundet werden. Damit reicht es aus, wenn die Satzung ein Ergebnisprotokoll der Versammlung vorsieht, in dem die Beschlüsse festgehalten werden. Die Satzung muss auch nicht unbedingt Einzelheiten darüber enthalten, wer das Protokoll erstellt oder unterzeichnet.

Tipp 50: Protokollanforderungen gering halten

Halten Sie die Anforderungen an das Protokoll einer Mitgliederversammlung in der Satzung gering. Das erstellte Protokoll darf selbstverständlich auch höheren Ansprüchen genügen als in der Satzung festgehalten.

Die Mindestanforderungen an das Protokoll einer Mitgliederversammlung sind Folgende:

- Ort, Tag und Stunde der Versammlung
- Name des Versammlungsleiters und des Protokollführers
- Zahl der stimmberechtigten Mitglieder, die entweder anwesend oder vertreten (soweit die Satzung dies zulässt) waren
- Feststellung, dass die Versammlung satzungsgemäß einberufen wurde

- die in der Versammlung festgestellte Tagesordnung sowie die Feststellung, dass diese Tagesordnung den Mitgliedern mit der Einberufung mitgeteilt wurde, soweit diese Mitteilung nach der Satzung nicht ausdrücklich ausgeschlossen wurde
- Angaben zur Beschlussfähigkeit, falls die Satzung hier besondere Anforderungen stellt
- Wortlaut der gestellten Anträge, die Art der Abstimmung (schriftlich, Zuruf, Handzeichen) und das genaue Abstimmungsergebnis (Ja-Stimmen, Nein-Stimmen, Enthaltungen, ungültige Stimmen)
- Zeitpunkt des Endes der Veranstaltung
- Unterschrift des Protokollführers und ggf. weiterer Personen, soweit die Satzung dies vorsieht

Tipp 51: Beschlüsse auch ohne Protokoll wirksam

Um Streit im Verein zu vermeiden, sollte das Protokoll sorgfältig erstellt werden, aber: Die Beurkundung der Beschlüsse ist keine Voraussetzung für ihre Wirksamkeit. Das Protokoll ist lediglich ein Beweismittel. Bei Unklarheiten im Protokoll gilt das, was tatsächlich geschehen ist und z. B. durch Zeugen belegt werden kann.

Tipp 52: Genehmigung des Protokolls

Die Praxis, das Protokoll der vorangegangenen Sitzung zu genehmigen, ist nicht zwingend. Die Zustimmung dokumentiert aber, dass die Mitglieder mit dem Inhalt einverstanden sind – und dies erhöht die Beweiskraft..

Die Verwendung des Vermögens bei Auflösung des Vereins

Das Vereinsrecht verlangt nicht, dass in der Satzung bestimmt wird, wer nach der Auflösung des Vereins das nach der Abwicklung verbleibende Vermögen erhält.

> ### *Vermögensverteilung an Mitglieder*
>
> *Bei Berufsverbänden ist es nicht unüblich, das Vermögen nach einem bestimmten Schlüssel an die Mitglieder zu verteilen. Bei gemeinnützigen Vereinen ist das nicht möglich!*

Bei gemeinnützigen Vereinen ist es zwingend erforderlich, dass das Vermögen für steuerbegünstigte Zwecke eingesetzt wird, soweit nicht in zulässiger Weise Einlagen zurückgezahlt werden. Eine steuerlich ausreichende Vermögensbindung liegt vor, wenn der Zweck, für den das Vermögen bei Auflösung/Aufhebung des Vereins oder bei Wegfall seines bisherigen Zwecks verwendet werden soll, in der Satzung so genau bestimmt ist, dass auf dieser Grundlage überprüft werden kann, ob der Verwendungszweck steuerbegünstigt ist. Dabei ist es seit 2007 nicht mehr zulässig, lediglich die Verwendung des Vermögens unter den Vorbehalt der Einwilligung des Finanzamts zu stellen, aber keinen Anfallsberechtigten zu nennen.

Die Änderung der Satzung

Wenn die Satzung nichts anderes bestimmt, so ist für einen Beschluss, der eine **Änderung der Satzung** enthält, eine Mehrheit von 75 % der erschienenen Mitglieder erforderlich. Gemeint sind damit die abgegebenen Ja- und Nein-Stimmen. Stimmenthaltungen oder ungültige Stimmen zählen nicht mit. Zur **Änderung des Vereinszwecks** ist die Zustimmung aller Mitglieder erforderlich; die Zustimmung der nicht erschienenen Mitglieder muss schriftlich erfolgen. Die Satzung kann hier sowohl hinsichtlich ihrer Änderung als auch der Änderung des Zwecks abweichende Bestimmungen enthalten (vgl. Tipp 13) (z. B. eine andere Mehrheit). Die Satzungsänderung kann auch einem anderen Organ als der Mitgliederversammlung überlassen werden.

Tipp 53: Eintragung im Vereinsregister

Jede Änderung der Satzung wird frühestens wirksam, wenn sie im Vereinsregister eingetragen ist. Bis zu diesem Zeitpunkt ist eine beschlossene Satzungsänderung grundsätzlich unwirksam.

Tipp 54: Beschlüsse erst nach Eintragung wirksam

Im Vorgriff auf die Wirksamkeit der Satzungsänderung können bereits Beschlüsse gefasst werden. Diese werden aber erst mit Eintragung wirksam.

Auf den Punkt gebracht

Die Satzung ist das „Grundgesetz" des Vereins und dient als Grundlage für die Ziele und Visionen der Gründungsmitglieder, der Aufgaben- und Kompetenzverteilung und der Besteuerung sowie für die Abwicklung bei Beendigung des Vereins.

Die Durchführung einer Mitgliederversammlung

Die Mitgliederversammlung wird oft als oberstes Organ des Vereins bezeichnet. Dies ist nicht ganz zutreffend, denn die Satzung kann die Rechte der Mitgliederversammlung sehr weitgehend – wenn auch nicht völlig – aufheben und anderen Organen übertragen.

Die Zuständigkeit der Mitgliederversammlung

Nach dem Gesetz werden die Angelegenheiten des Vereins in einer Versammlung der Mitglieder geordnet, soweit sie nicht vom Vorstand oder einem anderen Organ zu besorgen sind. Im Wesentlichen kommt es damit auf die Satzung an, in welchen Fällen die Mitgliederversammlung zuständig ist. Lediglich die Auflösung des Vereins kann der Mitgliederversammlung nicht entzogen werden.

Die Einladung zur Mitgliederversammlung

Die Einberufung und die Einladung zur Mitgliederversammlung richtet sich nach den Vorschriften der Satzung (vgl. Seite 36). Wichtig ist, dass Form und Frist eingehalten werden. Andernfalls können die Beschlüsse der Mitgliederversammlung unwirksam sein.

Damit ein Beschluss gültig ist, ist es erforderlich, dass der Gegenstand bei der Einberufung bezeichnet wird. In der

Regel genügt es hier, der Einladung eine Tagesordnung beizulegen.

Die Einladung hat den Zweck, dass die Mitglieder rechtzeitig von der Mitgliederversammlung erfahren, entscheiden können, ob sie daran teilnehmen wollen, und genügend Zeit haben, sich darauf vorzubereiten. Die Tagesordnung muss daher so detailliert sein, dass sich daraus der Gegenstand der geplanten Beschlussfassung ergibt.

Tipp 55: Satzungsänderung ausformulieren

Ist eine Satzungsänderung geplant, muss sich aus der Einladung ergeben, inwiefern die Satzung geändert werden soll. Der Hinweis „Satzungsänderung" in der Tagesordnung reicht nicht.

Beschlüsse, die einer Ankündigung bedürfen, können in der Mitgliederversammlung nicht wirksam gefasst werden, wenn diese Ankündigung nicht stattfindet.

Tipp 56: Beschlussvorlagen und Anträge beifügen

Es empfiehlt sich, der Einladung die geplanten Beschlussvorlagen und Anträge beizufügen. Dies gilt insbesondere bei Satzungsänderungen oder einer Neufassung der Satzung.

Eine Mitgliederversammlung ist in den Fällen einzuberufen, in denen die Satzung es bestimmt oder wenn das Interesse des Vereins es erfordert.

Ferner ist eine Mitgliederversammlung einzuberufen, wenn ein bestimmter Teil der Mitglieder dies verlangt. Nach dem Gesetz sind dies im Zweifel 10 % der Mitglieder, wenn in der Satzung nichts anderes bestimmt ist. Das Verlangen dieser Minderheit muss schriftlich und unter Angabe des Zwecks und der Gründe erfolgen. Wird dem Verlangen nicht entsprochen, so kann das zuständige Amtsgericht die Mitglieder, die die Einberufung verlangt haben, zur Einberufung der Versammlung ermächtigen; es kann dann auch Anordnungen darüber treffen, wer den Vorsitz in der Versammlung übernehmen soll.

Die Leitung der Mitgliederversammlung

Die Leitung der Mitgliederversammlung ergibt sich aus der Satzung. Wer in der Satzung als Versammlungsleiter bestimmt ist, wird in der Regel jedoch nicht verpflichtet sein, die Versammlung zu leiten, vielmehr wird dies meist als Vorrecht gesehen. Ist in der Satzung nichts Näheres festgelegt, so wird die Mitgliederversammlung in der Regel durch den Vorstand geführt.

Soll eine andere Person die Versammlung leiten, so empfiehlt es sich, hierüber einen Beschluss der Mitgliederversammlung herbeizuführen.

Der Versammlungsleiter eröffnet die Versammlung. Die Eröffnung sollte ausdrücklich im Protokoll festgehalten werden. Üblich ist auch die Feststellung der Beschlussfähigkeit und ggf. die Überprüfung der Stimmberechtigung sowie die Feststellung, ob Gäste anwesend sein sollen.

Die Durchführung von Wahlen

Wahlen sind zunächst Beschlüsse der Mitgliederversammlung wie andere Beschlüsse auch. Ein Kandidat ist demnach gewählt, wenn die in der Satzung bestimmte Mehrheit zustimmt. In der Regel ist dies die einfache Mehrheit. Dabei wird häufig übersehen, dass z. B. Block- und Listenwahlen einer besonderen Grundlage in der Satzung bedürfen. Werden also mehrere Ämter in einem Wahlvorgang zusammengefasst, so sind die Kandidaten nur dann in der Reihenfolge der auf sie entfallenden Stimmen gewählt, wenn die Satzung dieses Verfahren zulässt. Auch Wahlen in der Weise, dass mehrere Kandidaten für mehrere Positionen nur insgesamt gewählt oder nicht gewählt werden können, sind ohne besondere Satzungsregelung nicht zulässig, weil sich das Vereinsmitglied hier nicht für oder gegen einen einzelnen Kandidaten entscheiden kann.

Tipp 57: Wahlverfahren in Satzung regeln

Regeln Sie in der Satzung, welche Wahlverfahren zulässig sein sollen.

Beispiel: Wahl des Vorstands

Es stehen die Kandidaten A, B und C zur Wahl. Zu besetzen sind zwei gleichrangige Vorstandspositionen. Es werden 100 gültige Stimmen abgegeben. Entfallen auf A 45 Stimmen, auf B 30 Stimmen und auf C 25 Stimmen, so ist keiner der Kandidaten gewählt, wenn die Satzung nicht ausdrücklich etwas anderes zulässt: Kein Kandidat hat hier die einfache Mehrheit der Stimmen (51) erreicht!

Hier ein Formulierungsvorschlag, wie Sie das Wahlverfahren und die erforderlichen Mehrheiten in Ihrer Satzung regeln können:

> ***Formulierungsvorschlag – Wahlverfahren:***
>
> *„Gewählt ist, wer die Mehrheit der abgegebenen gültigen Stimmen erreicht. Hat kein Kandidat die Mehrheit der abgegebenen gültigen Stimmen erreicht, so findet eine Stichwahl zwischen den zwei Kandidaten statt, welche die höchste Stimmenzahl erreicht haben. Erreichen mehr als zwei Kandidaten die höchste Stimmenzahl, so wird der Wahlgang wiederholt. Bei der Stichwahl ist der Kandidat gewählt, der die meisten Stimmen erreicht. Erreichen die Kandidaten bei der Stichwahl die gleiche Stimmenzahl, so entscheidet das Los."*

Auf den Punkt gebracht

Die Durchführung einer Mitgliederversammlung fängt mit einer guten Vorbereitung an: Die Einladung ist aus rechtlicher Sicht grundlegend für die Wirksamkeit der Beschlüsse. Eine Mitgliederversammlung zu leiten ist eine sehr anspruchsvolle Aufgabe. Zugleich birgt eine erfolgreiche Mitgliederversammlung große Chancen für die Arbeit des Vereins. Auch eine Nachbereitung der Mitgliederversammlung ist wichtig: Mit dem Protokoll werden die wesentlichen Punkte dokumentiert, viele Beschlüsse werden allerdings erst mit der Eintragung im Vereinsregister gültig.

Das Ende des Vereins

Das Ende des Vereins, dessen Auflösung i. d. R. in der Mitgliederversammlung beschlossen wird, vollzieht sich regelmäßig in drei Akten:

- Die **Auflösung**: Mit der Auflösung wandelt sich das Ziel des Vereins von der Verfolgung eines nichtwirtschaftlichen Zwecks hin zur Abwicklung der Vermögensverhältnisse. Allein die Auflösung führt jedoch nicht zur Beendigung des Vereins.
- Der Auflösung folgt die **Liquidation** oder eine andere Abwicklung. Verantwortlich hierfür sind die Liquidatoren. Sie treten an die Stelle des Vorstandes, können aber auch Personen aus dem Vorstand sein. Sie haben die laufenden Geschäfte zu beenden, die Forderungen einzuziehen, das übrige Vermögen in Geld umzusetzen, die Gläubiger zu befriedigen und dem Anfallsberechtigten den Überschuss zu übergeben.
- Erst mit der vollständigen Abwicklung der Liquidation ist der Verein beendet und wird aus dem Vereinsregister gelöscht.

Auch die **Insolvenz** führt zur Auflösung des Vereins. Gründe für eine Insolvenz sind die Zahlungsunfähigkeit oder Überschuldung. Der Vorstand muss beim zuständigen Amtsgericht den Antrag auf Eröffnung des Insolvenzverfahrens stellen. Tut er dies nicht oder zu spät, so können die Gläubiger unter bestimmten Voraussetzungen verlangen, dass sie den ihnen daraus entstehenden Schaden ersetzt bekommen.

Schließlich kann dem Verein die **Rechtsfähigkeit entzogen** werden, z. B. wenn

- der Verein in unzulässiger Weise einen wirtschaftlichen Zweck verfolgt oder
- die Anzahl der Vereinsmitglieder auf unter drei absinkt.

Der Vorstand hat dem Amtsgericht auf dessen Verlangen jederzeit eine von ihm ausgestellte Bescheinigung über die Zahl der Vereinsmitglieder einzureichen. Sinkt die Zahl der Vereinsmitglieder unter drei, hat das Amtsgericht auf Antrag des Vorstandes und – wenn der Antrag nicht binnen drei Monaten gestellt wird – von Amts wegen nach Anhörung des Vorstands dem Verein die Rechtsfähigkeit zu entziehen.

Auch der **Wegfall sämtlicher Mitglieder** führt zur Beendigung des Vereins, ohne dass eine Liquidation stattfindet.

Auf den Punkt gebracht

Die Abwicklung eines Vereins vollzieht sich in der Regel in drei Stadien: der Auflösung, der Liquidation und der Beendigung. Federführend sind in der Regel die Vorstandsmitglieder oder besonders bestellte Liquidatoren.

Der Kontakt zum Vereinsregister

Alle eintragungspflichtigen Tatsachen müssen bei eingetragenen Vereinen dem Registergericht durch eine Anmeldung mitgeteilt werden. Zu den eintragungspflichtigen Tatsachen gehört z. B.:

- die Errichtung des Vereins, wenn er im Vereinsregister eingetragen werden soll
- die Änderung der Satzung
- die Mitglieder des Vorstandes sowie jede Änderung im Vorstand
- die Vertretungsbefugnisse des Vorstandes
- die Auflösung des Vereins
- die Eintragung der Liquidatoren, die die Auflösung des Vereins abzuwickeln haben

Die Registeranmeldung erfolgt durch ein Schreiben des Vereins, das durch den Vorstand zu unterzeichnen ist. Hat der Verein mehrere Vorstandsmitglieder, so müssen in der Regel so viele Vorstandsmitglieder unterzeichnen, wie auch sonst gemeinschaftlich zur Vertretung befugt sind.

Die Unterschriften müssen öffentlich beglaubigt sein – in der Regel durch einen Notar. Bei der Anmeldung der Gründung des Vereins wird allerdings z. T. vertreten, dass alle Vorstandsmitglieder unterzeichnen müssen (vgl. Tipp 4).

Der Registeranmeldung müssen Unterlagen beigefügt sein, sodass das Registergericht die Anmeldung überprüfen kann. Hierzu gehören

- bei der Errichtung des Vereins die Satzung in Urschrift und Abschrift sowie eine Abschrift des Beschlusses über die Bestellung des Vorstandes – in der Regel ergibt sich dies aus dem Gründungsprotokoll,
- bei einer Satzungsänderung der Beschluss, der die Änderung enthält; vorzulegen sind hier die Urschrift und eine Abschrift,

- bei einer Änderung des Vorstands eine Abschrift des Beschlusses über die Änderung,
- bei der Auflösung des Vereins aufgrund eines Beschlusses der Mitgliederversammlung eine Abschrift des Auflösungsbeschlusses.

In der Regel besteht eine öffentlich-rechtliche Pflicht zur Eintragung. Das Registergericht kann durch ein Zwangsgeld die Anmeldung erzwingen.

Beanstandet das Registergericht die Anmeldung, so teilt es dies dem Verein mit. Erst wenn die Beanstandungen nicht beseitigt werden können, weist das Registergericht die Anmeldung zurück. Gegen die Zurückweisung können Rechtsmittel (i. d. R. die sofortige Beschwerde) eingelegt werden. Da hier z. T. sehr kurze Fristen gelten, sollte umgehend ein Rechtsanwalt eingeschaltet werden.

Das Registergericht veröffentlicht die Eintragungen in dem für die Bekanntmachungen des Amtsgerichts bestimmten Blatt. Dies ist in der Regel eine örtliche Tageszeitung.

Auf den Punkt gebracht

Das Vereinsregister ist Grundlage für das hohe Ansehen des eingetragenen Vereins im Rechtsverkehr und dokumentiert verbindlich die wesentlichen Rechtsverhältnisse. Der Kontakt mit dem Vereinsregister ist daher sehr formalisiert, dennoch sind viele Registergerichte sehr hilfsbereit.

Chancen und Grenzen der Gemeinnützigkeit

Ein immer noch weit verbreiteter und teilweise fataler Irrtum ist es, die Gemeinnützigkeit damit gleichzusetzen, dass mit dem Freistellungsbescheid keine steuerlichen Pflichten mehr bestünden. Auch ein gemeinnütziger Verein ist genauso steuerpflichtig wie eine Aktiengesellschaft oder eine GmbH. Lediglich in bestimmten Bereichen ist die Tätigkeit eines gemeinnützigen Vereins steuerlich begünstigt. Im Gegenzug wird jedoch verlangt, dass die Vorteile aus der Begünstigung der Allgemeinheit zugute kommen und dass ein Missbrauch der Begünstigung ausgeschlossen ist.

Gleichwohl sind die Vorteile der Gemeinnützigkeit unverkennbar wie z. B.:

- Steuervorteile bei der Körperschaftsteuer und der Gewerbesteuer, aber auch bei der Erbschaft- und Schenkungsteuer sowie der Grundsteuer
- Freistellung bestimmter Leistungen von der Umsatzsteuer und in bestimmten Bereichen ein verminderter Umsatzsteuersatz
- erweiterte Möglichkeiten bei der Beschaffung von Fördermitteln
- Ausstellen von Zuwendungsbescheinigungen, die zum Sonderausgabenabzug in der Einkommensteuer berechtigen
- erweiterte Kooperationsmöglichkeiten mit anderen gemeinnützigen Organisationen

- Ansehen und hohes Vertrauen in Organisationen, die vom Finanzamt als gemeinnützig anerkannt sind

Im Gegenzug müssen aber auch die Restriktionen der Gemeinnützigkeit beachtet werden wie z. B.:

- hohe Anforderungen an die Verwendung der Mittel, die im Zusammenhang mit der Gemeinnützigkeit erwirtschaftet wurden
- Haftung für den Missbrauch von Steuervorteilen (sog. Spendenhaftung)

Was heißt „Gemeinnützigkeit"?

Das Wort „Gemeinnützigkeit" hat viele Facetten. Eine allgemeingültige Definition gibt es nicht. Gemeint ist im vorliegenden Zusammenhang nicht der allgemeine Nutzen für die Gesellschaft, wie ihn auch z. B. Parteien anstreben. Im Zentrum steht hier vielmehr die steuerrechtliche Definition der Gemeinnützigkeit – und auch hier muss unterschieden werden: Die Gemeinnützigkeit im weiteren Sinne umschreibt die Regelungen, die zentral in den §§ 51 ff. AO zusammengefasst sind. Dazu gehören neben den gemeinnützigen Zwecken im engeren Sinne auch kirchliche und mildtätige Zwecke.

Was macht die steuerliche Gemeinnützigkeit aus?

Ob und in welchem Umfang gemeinnützige Vereine steuerliche Vorteile genießen, richtet sich jeweils nach dem betreffenden Steuergesetzen. Die **steuerlichen Folgen** der Gemeinnützigkeit sind daher z. B. in der Körperschaft- und in der Gewerbesteuer andere als in der Umsatzsteuer.

Die **Voraussetzungen für die steuerliche Gemeinnützigkeit** sind zentral in den §§ 51 ff. AO geregelt, auf die alle anderen Steuergesetze zurückgreifen. Die zentralen Eckpunkte der Gemeinnützigkeit sind:

- die „gemeinnützigen" Zwecke
- die „gemeinnützige" Satzung
- die „gemeinnützige" Geschäftsführung. Diese hat zwei Schwerpunkte: das „gemeinnützige" Wirtschaften und die „gemeinnützige" Mittelverwendung

Im steuerlichen Gemeinnützigkeitsrecht ist ein besonderes **Anerkennungsverfahren** nicht vorgesehen. Ob ein Verein steuerbegünstigt ist, entscheidet das Finanzamt im Veranlagungsverfahren (Festsetzungsverfahren) für die jeweilige Steuer und den jeweiligen Steuerabschnitt durch Steuerbescheid (ggf. Freistellungsbescheid). Dabei kommt es nicht darauf an, ob ein entsprechender Antrag gestellt worden ist oder nicht. Ein Verzicht auf die Behandlung als steuerbegünstigte Körperschaft ist somit für das Steuerrecht unbeachtlich. Auch der Widerruf der Gemeinnützigkeit erfolgt ausschließlich im Veranlagungsverfahren.

Tipp 58: Überprüfung alle drei Jahre

Ob die Voraussetzungen für eine Steuerbefreiung vorliegen, überprüfen die Finanzämter in der Regel alle drei Jahre. Dies bedeutet aber nicht, dass in der Zwischenzeit keine Steuerpflichten bestehen!

Dieser Dreijahresrhythmus gilt aber nur für Vereine, die sich wirklich nur auf die gemeinnützigen Tätigkeiten beschränken. Tun sie das nicht und entfalten sie auch steuerpflichtige Tätigkeiten, so müssen sie im Jahresrhythmus Steuererklärungen abgeben.

Tipp 59: Jährliche Steuererklärung

Gemeinnützige Vereine, die ständig einen steuerpflichtigen wirtschaftlichen Geschäftsbetrieb unterhalten (z. B. Vereinsgaststätte) oder bei denen aus anderen Gründen zu erwarten ist, dass Steuern festgesetzt werden, müssen jährlich Steuererklärungen abgeben!

Liegen die Voraussetzungen für die Gemeinnützigkeit vor, so richten sich die konkreten Auswirkungen nach den einzelnen Steuergesetzen.

In der Körperschaftsteuer wirken sich die Begünstigungen damit auf weite Teile der Gewinne aus. Hier eine Übersicht:

Körperschaftsteuer			
Gegenstand der Besteuerung ist der Verein mit seinem Einkommen			
Steuerfrei			**Steuerpflichtig**
Ideelle Tätigkeit	Vermögensverwaltung	Zweckbetrieb	Wirtschaftlicher Geschäftsbetrieb

Die Steuerbefreiung in der Körperschaftsteuer

Im Bereich der Umsatzsteuer ist die Auswirkung der Gemeinnützigkeit eine grundsätzlich andere, weil das System der Umsatzsteuer ein anderes ist: Hier geht es nicht wie in der Körperschaftsteuer um die Besteuerung von Gewinnen, sondern um die Besteuerung von Leistungen, die der Verein erbringt. Der Unterschied ist gravierend: Stellt sich bei einer ursprünglich als steuerfrei behandelten Leistung später heraus, dass sie steuerpflichtig war, so muss der Verein die Steuer bezahlen, auch wenn er keine Gewinne gemacht hat. Hier eine Übersicht:

Umsatzsteuer				
Gegenstand der Besteuerung ist die jeweilige Leistung!				
Keine Steuer im nicht-unternehmerischen Bereich	**Steuerfrei** sind bestimmte Leistungen		**Steuerpflichtig 7 %**	**Steuerpflichtig 19 %**
Ideeller Bereich	z. B. Gesundheitsleistungen	z. B. Wohlfahrtsverbände	z. B. Zweckbetrieb	Wirtschaftlicher Geschäftsbetrieb

Die Auswirkungen der Umsatzsteuer

Bescheinigungen zur Gemeinnützigkeit

Die Tatsache, dass die Gemeinnützigkeit immer erst rückwirkend festgestellt wird, bedeutet eine erhebliche Belastung. Dies wird etwas aufgefangen durch die entsprechenden Hinweise des Finanzamts

- in den „vorläufigen Bescheinigungen",
- in einem Freistellungsbescheid oder
- in einem Steuerbescheid.

Tipp 60: Bescheinigungen nicht bindend

Diese Bescheinigungen zur Gemeinnützigkeit binden die Finanzbehörden meistens nicht, wenn später bei der Überprüfung des Vereins Verstöße gegen das Gemeinnützigkeitsrecht festgestellt werden.

Auf Antrag eines Vereins, bei dem die Voraussetzungen der Steuerbegünstigung noch nicht im Veranlagungsverfahren festgestellt worden sind (insbesondere bei neu gegründeten Vereinen), stellt das Finanzamt eine sog. „**vorläufige Bescheinigung**" aus. Darin bescheinigt das Finanzamt z. B. für den Empfang steuerbegünstigter Spenden oder für eine Gebührenbefreiung, dass der Verein steuerlich erfasst ist und die eingereichte Satzung alle für die Gemeinnützigkeit geforderten Voraussetzungen erfüllt.

Tipp 61: Satzung muss vorliegen

Eine vorläufige Bescheinigung stellen die Finanzämter erst aus, wenn eine Satzung vorliegt, die den gemeinnützigkeitsrechtlichen Vorschriften entspricht.

Tipp 62: Vertrauensschutz

Die vom Finanzamt geprüfte Satzung unterliegt einem gewissen Vertrauensschutz. Sollte sich später herausstellen, dass die Satzung den Anforderungen doch nicht genügt, so wird die Gemeinnützigkeit nicht aberkannt, sondern Gelegenheit zur Nachbesserung gegeben. Das gilt allerdings dann nicht, wenn zwischenzeitlich eine Satzungsänderung durchgeführt wurde!

Die vorläufige Bescheinigung enthält auch die erforderlichen Hinweise zum Ausstellen von Zuwendungsbestätigungen.

Tipp 63: Auf 18 Monate befristet

Die vorläufige Bescheinigung ist in der Regel auf einen Zeitraum bis zu 18 Monaten ab dem Ausstellungsdatum befristet; sie ist frei widerruflich. Nach Ablauf der Gültigkeit der vorläufigen Bescheinigung wird der Verein erneut überprüft.

Wurde bereits durch das Finanzamt geprüft, ob die tatsächliche Geschäftsführung des Vereins den Anforderungen der Gemeinnützigkeit genügt, so wird grundsätzlich keine vorläufige Bescheinigung mehr erteilt. Das Finanzamt erlässt dann entweder einen Freistellungs- oder einen Steuerbescheid.

Tipp 64: Voraussetzungen für Freistellung

Ein Freistellungsbescheid wird nur erteilt, wenn der Verein in vollem Umfang von der Körperschaftsteuer freigestellt ist, also kein steuerpflichtiger wirtschaftlicher Geschäftsbetrieb unterhalten wird, oder zwar ein steuerpflichtiger wirtschaftlicher Geschäftsbetrieb unterhalten wird, es aber unter Berücksichtigung der Besteuerungsgrenzen und der Freibeträge zu keiner Steuerfestsetzung kommt.

Die steuerbegünstigten Zwecke

Das Steuerrecht gewährt Steuervergünstigungen nur, wenn bestimmte begünstigte Zwecke verfolgt werden. Das Gesetz unterscheidet zwischen den gemeinnützigen Zwecken im engeren Sinne sowie den mildtätigen und den kirchlichen Zwecken (hierzu bereits oben S. 17).

Die steuerbegünstigten Zwecke sind im Gesetz abschließend bezeichnet. Sofern der von einem Verein verfolgte Zweck nicht unter die im Gesetz bezeichneten Zwecke fällt, aber die Allgemeinheit auf materiellem, geistigem oder sittlichem Gebiet entsprechend selbstlos gefördert wird, kann dieser Zweck für gemeinnützig erklärt werden. Zuständig hierfür sind die Finanzbehörden der jeweiligen Bundesländer. Da diese Regelung erst 2007 eingeführt wurde, gibt es hierzu derzeit noch keine Erfahrungen.

Die steuerbegünstigten Zwecke sind Richtschnur und zugleich Grenze für die Gemeinnützigkeit des Vereins. Was genau von den einzelnen Zwecken umfasst ist und was nicht, sollte sehr sorgfältig vor der Gründung des Vereins mit dem Finanzamt oder einem kompetenten Steuerberater oder Rechtsanwalt abgestimmt werden. Siehe hierzu auch Tipp 13 bis 16 sowie Tipp 62.

Keine Gemeinnützigkeit liegt vor, wenn nicht die Allgemeinheit gefördert wird, sondern

- wenn der Kreis der Personen, denen die Förderung zugute kommt, fest abgeschlossen ist (z. B. Zugehörigkeit zu einer Familie oder zur Belegschaft eines Unternehmens) oder
- wenn der Kreis der Personen, denen die Förderung zugute kommt, so abgegrenzt ist, dass er auf Dauer nur klein sein kann. Räumliche oder berufliche Abgrenzungsmerkmale oder hohe Beiträge und Umlagen können hierzu führen.

Tipp 65: Hohe Beiträge – keine Gemeinnützigkeit

Ein Verein, dessen Tätigkeit in erster Linie seinen Mitgliedern zugute kommt, fördert nicht die Allgemeinheit, wenn er den Kreis der Mitglieder durch hohe Aufnahmegebühren oder Mitgliedsbeiträge (einschließlich Mitgliedsumlagen) klein hält.

Beispiele für Vereine, die nicht gemeinnützig sind

Die Finanzverwaltung zählt hierzu insbesondere Sportvereine (z. B. Golfclubs) und Vereine, die die Tierzucht, die Pflanzenzucht, die Kleingärtnerei, das traditionelle Brauchtum einschließlich des Karnevals, die Fastnacht und den Fasching, die Soldaten- und Reservistenbetreuung, das Ama-

teurfunken, den Modellflug oder den Hundesport fördern. Diese Vereine sind nicht mehr gemeinnützig, wenn die Mitgliedsbeiträge und Mitgliedsumlagen zusammen im Durchschnitt 1.023 Euro je Mitglied und Jahr und die Aufnahmegebühren für die im Jahr aufgenommenen Mitglieder im Durchschnitt 1.534 Euro übersteigen.

Die „gemeinnützige" Satzung

Die Vereinssatzung ist nicht nur für das Vereinsleben die grundlegende Richtschnur, sie ist auch eine wesentliche Voraussetzung dafür, dass die steuerlichen Vorteile aus der Gemeinnützigkeit in Anspruch genommen werden können.

Tipp 66: Satzung muss Vorgaben entsprechen

Entspricht die Satzung nicht den Voraussetzungen des Gemeinnützigkeitsrechts, so wird die Steuerbefreiung auch dann nicht gewährt, wenn im Übrigen alles „richtig" gemacht wurde!

Aus steuerlicher Sicht muss die Satzung eines gemeinnützigen Vereins zu den folgenden Punkten Angaben enthalten:

- Die steuerbegünstigten Zwecke, die der Verein verfolgen will.
- Die Art und Weise, wie diese steuerbegünstigten Zwecke verfolgt werden sollen. In der Regel sind dies die Aufgaben des Vereins.

- Die Aussage, dass die steuerbegünstigten Zwecke ausschließlich und unmittelbar verfolgt werden.
- Der Hinweis, dass der Verein selbstlos tätig ist und nicht in erster Linie eigenwirtschaftliche Zwecke verfolgt.
- Die Bestätigung, dass die Mittel des Vereins nur für die satzungsgemäßen steuerbegünstigten Zwecke verwendet werden, die Mitglieder keine Zuwendungen aus Mitteln des Vereins erhalten und keine Person durch Ausgaben, die dem Zweck des Vereins fremd sind, oder durch unverhältnismäßig hohe Vergütungen begünstigt werden.

Tipp 67: Alltagsgeschäft muss gemeinnützig sein

Achten Sie darauf, dass die Bestimmungen der Satzung auch im Alltag beachtet werden. Die tatsächliche Geschäftsführung und die Bestimmungen der Satzung müssen übereinstimmen!

- Der Zweck, für den das Vermögen bei der Auflösung des Vereins oder bei Wegfall seines bisherigen Zwecks verwendet werden soll. Hier ist es seit 2007 nicht mehr möglich, die Verwendung mit der Begründung nicht anzugeben, die Angabe dieses Zwecks sei noch nicht möglich, da das Finanzamt erst zustimmen müsse.

Tipp 68: Muster im Internet

Die Finanzverwaltung hat Muster herausgegeben, in denen Formulierungsvorschläge für alle Voraussetzungen enthalten sind, die aus der Sicht des Gemeinnützigkeitsrechts in der Satzung enthalten sein müssen. Diese Muster sind seit 1.1.2009 gesetzlich verbindlich und werden voraussichtlich unter www.gesetze-im-internet.de als Anlage 1 zu § 60 AO abrufbar sein.

Auf den Punkt gebracht

Die sog. Gemeinnützigkeit schafft keine Steuerfreiheit, sondern hat lediglich partielle Steuervergünstigungen zur Folge. Die Auswirkungen sind in den jeweiligen Steuerarten sehr unterschiedlich. Grundlage für die Gemeinnützigkeit sind die Satzung und die Geschäftsführung: Nur wenn beides den Anforderungen genügt, werden die Steuervergünstigungen gewährt.

Die vier Sphären gemeinnützigen Wirkens

Nicht nur die Satzung, sondern auch die tatsächliche Geschäftsführung des Vereins muss den Voraussetzungen entsprechen, die das Gemeinnützigkeitsrecht stellt. Dabei kann man unterscheiden zwischen

- dem gemeinnützigen Wirken und
- der gemeinnützigen Mittelverwendung.

Die steuerlichen Auswirkungen der tatsächlichen Geschäftsführung sind unterschiedlich, je nachdem welche steuerliche Sphäre betroffen ist. Dabei werden folgende Sphären unterschieden:

- der ideelle Bereich
- die Vermögensverwaltung
- der steuerfreie wirtschaftliche Geschäftsbetrieb (Zweckbetrieb)
- der steuerpflichtige wirtschaftliche Geschäftsbetrieb

<table>
<tr><th colspan="2">Die vier Sphären der Gemeinnützigkeit</th></tr>
<tr><td>▸ Ideeller Bereich</td><td>keine Einnahmen oder andere wirtschaftliche Vorteile beabsichtigt</td></tr>
<tr><td>▸ Vermögensverwaltung – langfristige Nutzung vorhandenen Vermögens</td><td rowspan="3">Einnahmenerzielungsabsicht (keine Gewinnerzielungsabsicht)</td></tr>
<tr><td>▸ Steuerpflichtiger wirtschaftlicher Geschäftsbetrieb</td></tr>
<tr><td>▸ Zweckbetrieb – steuerfreier wirtschaftlicher Geschäftsbetrieb</td></tr>
</table>

Tipp 69: Einnahmenerzielungsabsicht entscheidend

Oft werden Gewinnerzielung- und Einnahmenerzielungsabsicht verwechselt: Wichtiges Unterscheidungsmerkmal für die verschiedenen Sphären ist die Frage, ob der Verein die Absicht hat, Einnahmen zu erzielen. Dabei kommt es nicht darauf an, ob ein Gewinn erzielt werden soll.

Der ideelle Bereich

Der ideelle Bereich ist der Kernbereich der Tätigkeit des Vereins. In diesem Bereich wird der Verein nur tätig, um seine ideellen Zwecke zu erfüllen. Er verlässt diesen Bereich, wenn er Einnahmen oder andere wirtschaftliche Vorteile anstrebt.

> **!**
> **Tipp 70: Enge Grenzen des ideellen Bereichs**
>
> Der Verein verlässt den ideellen Bereich auch dann, wenn noch ein enger Bezug dazu besteht. So gehören Vereinsfeste oder Werbeanzeigen in der Vereinszeitschrift in der Regel bereits nicht mehr zum ideellen Bereich.

Die Finanzierung des ideellen Bereichs erfolgt z. B. über Mitgliedsbeiträge, Spenden oder die Einnahmen aus den anderen Bereichen (Vermögensverwaltung, Zweckbetriebe, steuerpflichtige wirtschaftliche Geschäftsbetriebe).

> **!**
> **Tipp 71: Dokumentation des ideellen Bereichs**
>
> Dokumentieren Sie die Tätigkeiten im ideellen Bereich! Dies ist nicht nur für die Mitglieder, sondern auch für das Finanzamt wichtig.

Die Gemeinnützigkeit geht verloren, wenn die steuerbegünstigten Tätigkeiten den Verein nicht mehr prägen. Dabei ist es oft schwer, die Tätigkeiten im ideellen Bereich angemessen zu würdigen.

Die Vermögensverwaltung

Im Bereich der Vermögensverwaltung besteht zwar die Absicht, Einnahmen zu erzielen, im Vordergrund steht aber die Nutzung des vorhandenen Vermögens – nicht die Beteiligung am allgemeinen wirtschaftlichen Verkehr.

Typische Beispiele für Vermögensverwaltung sind:

- Langfristige Vermietung und Verpachtung von Immobilien. Dies gilt auch, wenn wegen der Größe des Bestandes für die Verwaltung eine kaufmännische Organisation erforderlich ist. Treten zur Vermietung wesentliche Zusatzleistungen hinzu oder weicht die Vermietungsleistung erheblich vom Typus einer auf Dauer angelegten Vermögensnutzung ab, wird der Bereich der Vermögensverwaltung verlassen.

Tipp 72: Körperschaftsteuer ist nicht gleich Umsatzsteuer

Der Bereich der Vermögensverwaltung ist in der Körperschaftsteuer steuerfrei. In vielen Fällen (Vermietung von Grundbesitz) ist er auch in der Umsatzsteuer steuerfrei. Dies ist jedoch nicht zwingend. Die Verpachtung von Werberechten als Ganzes ist z. B. umsatzsteuerpflichtig.

- Verzinsliche Kapitalanlagen.
- Wertpapiergeschäfte auf eigene Rechnung gehören selbst in größerem Umfang und einer damit einhergehenden erheblichen Verwaltungstätigkeit im Allgemei-

nen zur privaten Vermögensvorsorge und -verwaltung. Wertpapiergeschäfte gehören daher nur dann zum wirtschaftlichen Geschäftsbetrieb, wenn die Tätigkeit dem Bild entspricht, das nach der Verkehrsauffassung eine gewerbliche Aktivität ausmacht.

Die Grenze zum wirtschaftlichen Geschäftsbetrieb ist aber überschritten, wenn der gemeinnützige Verein mit seiner Tätigkeit im wirtschaftlichen Verkehr wie ein Händler, Produzent oder Dienstleister teilnimmt.

Tipp 73: Werbeanzeigen

Werbeanzeigen in der Vereinszeitschrift sind grundsätzlich keine Vermögensverwaltung. Nur wenn das Anzeigengeschäft oder sonstige Werberechte im Ganzen oder in abgrenzbaren Teilen an Werbeagenturen verpachtet werden, zählen die Einnahmen hieraus zur Vermögensverwaltung.

Tipp 74: Vorsicht bei Verlusten!

Nach Auffassung der Finanzverwaltung soll bei Verlusten das Gleiche gelten wie bei den steuerpflichtigen wirtschaftlichen Geschäftsbetrieben: Werden Verluste in der Vermögensverwaltung mit Mitteln aus den ideellen Tätigkeiten einschließlich der Zweckbetriebe gedeckt, so soll dies eine die Gemeinnützigkeit gefährdende Mittelfehlverwendungen darstellen.

Der wirtschaftliche Geschäftsbetrieb

Obwohl der Zweck eines Vereins vereinsrechtlich und gemeinnützigkeitsrechtlich nicht auf einen wirtschaftlichen Geschäftsbetrieb gerichtet sein darf, so ist es dennoch nicht verboten, einen solchen zu unterhalten. Er darf jedoch nicht gegenüber den ideellen und gemeinnützigen Zwecken überwiegen (vgl. Tipp 14 bis 16 und Tipp 7).

Ein wirtschaftlicher Geschäftsbetrieb ist eine selbstständige nachhaltige Tätigkeit, durch die Einnahmen oder andere wirtschaftliche Vorteile erzielt werden und die über die Vermögensverwaltung hinausgeht. Er ist i. d. R. steuerpflichtig, es sei denn, er ist als Zweckbetrieb zu beurteilen.

Mehrere steuerpflichtige wirtschaftliche Geschäftsbetriebe werden aus der Perspektive der Gemeinnützigkeit als ein einheitlicher wirtschaftlicher Geschäftsbetrieb behandelt. Übersteigen die Einnahmen einschließlich Umsatzsteuer aus diesem einheitlichen Geschäftsbetrieb insgesamt nicht den Betrag von 35.000 Euro im Jahr, so fällt keine Körperschaft- oder Gewerbesteuer an.

Wenn Verluste erwirtschaftet werden …

Wenn der steuerpflichtige wirtschaftliche Geschäftsbetrieb Verluste erwirtschaftet, ist Vorsicht geboten.

Tipp 75: Verluste gefährden Gemeinnützigkeit

Verluste im steuerpflichtigen wirtschaftlichen Geschäftsbetrieb gefährden die Gemeinnützigkeit des Vereins! Ist erkennbar, dass Verluste entstehen, so sollte unbedingt ein Steuerberater hinzugezogen werden.

Dabei kommt es nicht darauf an, ob die Verluste nur geringfügig sind. Nach der Rechtsprechung ist ein Ausgleich von Verlusten eines Nicht-Zweckbetriebs mit Mitteln des ideellen Tätigkeitsbereichs nur dann unschädlich, wenn die Verluste auf einer Fehlkalkulation beruhen und der Verein bis zum Ende des folgenden Wirtschaftsjahrs dem ideellen Tätigkeitsbereich wieder Mittel in entsprechender Höhe zuführt.

Wenn Gewinn erwirtschaftet wird …

Wenn hingegen Gewinn erwirtschaftet wird, so ist immer der Gewinn steuerpflichtig, der im einheitlichen wirtschaftlichen Geschäftsbetrieb erwirtschaftet wird. Lediglich der Gewinn in den steuerfreien Zweckbetrieben, in der Vermögensverwaltung und im ideellen Bereich ist in der Körperschaftsteuer steuerfrei.

Was passiert mit den Betriebsausgaben?

Von besonderer Bedeutung ist dabei, ob die Betriebsausgaben tatsächlich dem steuerpflichtigen wirtschaftlichen Geschäftsbetrieb oder dem steuerfreien Bereich zuzurechnen sind: Soweit sie dem steuerpflichtigen wirtschaftlichen Geschäftsbetrieb zuzuordnen sind, erhöhen sie einen Verlust, der die Gemeinnützigkeit gefährden kann, oder einen Gewinn, der versteuert werden muss.

Zu den Betriebsausgaben des steuerpflichtigen wirtschaftlichen Geschäftsbetriebs gehören die Ausgaben, die dem Betrieb unmittelbar zuzuordnen sind, weil sie ohne den

Betrieb nicht oder zumindest nicht in dieser Höhe angefallen wären.

Solche Kosten, die ihren primären Anlass im steuerfreien Bereich haben, werden selbst dann nicht als Betriebsausgaben berücksichtigt, wenn sie sowohl durch die steuerfreie als auch durch die steuerpflichtige Tätigkeit veranlasst sind.

Tipp 76: Werbemaßnahmen

Werden z. B. Werbemaßnahmen bei sportlichen oder kulturellen Veranstaltungen durchgeführt, sind die Veranstaltungskosten, soweit sie auch ohne die Werbung entstanden wären, keine Betriebsausgaben des steuerpflichtigen wirtschaftlichen Geschäftsbetriebs „Werbung". In solchen Fällen lässt es das Gesetz aber zu, dass pauschal lediglich 15 % der Einnahmen versteuert werden müssen.

Findet sich ein objektiver Maßstab für die Aufteilung der Aufwendungen auf den ideellen Bereich, die Zweckbetriebe und den steuerpflichtigen wirtschaftlichen Geschäftsbetrieb, so können die Betriebsausgaben anteilig zugerechnet werden. In diesem Fall spielt die primäre Veranlassung keine Rolle. Bei Golfvereinen kann z. B. Folgendes gelten:

Tipp 77: Greenfee bei Golfvereinen

Die Finanzverwaltung lässt bei der Gewinnermittlung für den steuerpflichtigen wirtschaftlichen Geschäftsbetrieb bei „Greenfee" steuerbegünstigter Golfvereine einen anteiligen Betriebsausgabenabzug der Aufwendungen (z. B. für Golfplatz- und Personalkosten) trotz primärer Veranlassung durch den ideellen Bereich des Golfvereins zu. Dies gilt aber nur, wenn die Abgrenzbarkeit nach objektiven Maßstäben gegeben ist (z. B. Verhältnis der Nutzung der Golfanlage durch vereinsfremde Spieler und durch Golf spielenden Vereinsmitglieder im Kalenderjahr).

Auch bei gemeinnützigen Musikvereinen kommt eine Aufteilung in Betracht:

Tipp 78: Aufwendungen von Musikvereinen

Bei gemeinnützigen Musikvereinen sind Aufwendungen, die zum Teil mit Auftritten der Musikgruppen bei eigenen steuerpflichtigen Festveranstaltungen zusammenhängen, anteilig als Betriebsausgaben des steuerpflichtigen wirtschaftlichen Geschäftsbetriebs abzuziehen. Als Maßstab für die Aufteilung kommt die Zahl der Stunden, die einschließlich der Proben auf die jeweiligen Bereiche entfallen, in Betracht.

Beispiele für z. T. abzugsfähige Aufwendungen

Kosten für Notenmaterial, Uniformen und Verstärkeranlagen, die sowohl bei Auftritten, die unentgeltlich erfolgen oder Zweckbetriebe sind, als auch bei Auftritten im Rahmen eines eigenen steuerpflichtigen Betriebs eingesetzt werden.

Personal- und Sachkosten für die allgemeine Verwaltung können grundsätzlich im wirtschaftlichen Geschäftsbetrieb abgezogen werden, soweit sie bei einer Aufteilung nach objektiven Maßstäben teilweise darauf entfallen.

Tipp 79: Bei Vereinsheimen kein Maßstab möglich

Bei Kosten für die Errichtung und Unterhaltung von Vereinsheimen gibt es nach Auffassung der Finanzverwaltung allerdings i. d. R. keinen objektiven Aufteilungsmaßstab.

Auf den Punkt gebracht

Der steuerpflichtige wirtschaftliche Geschäftsbetrieb ist von den Steuervergünstigungen der „Gemeinnützigkeit" ausgenommen. Hier gilt die allgemeine Steuerpflicht nach den jeweiligen Steuergesetzen. Für den gemeinnützigen Verein hat dies zur Folge, dass er Einnahmen und Ausgaben zwischen dem steuerpflichtigen und dem steuerbegünstigten Bereich abgrenzen muss.

Der Zweckbetrieb

Zweckbetriebe sind an sich wirtschaftliche Geschäftsbetriebe. Sie hängen aber sehr eng mit den gemeinnützigen Zwecken des Vereins zusammen und sind deshalb von der Körperschaft- und Gewerbesteuer befreit. Bei der Umsatzsteuer kann bei Leistungen aus dem Zweckbetrieb statt dem Regelsteuersatz von 19 % ein verminderter Steuersatz von 7 % angewendet werden.

Das Gesetz kennt einerseits eine allgemeine Definition, wann Zweckbetriebe vorliegen. Andererseits werden einige wirtschaftliche Geschäftsbetriebe von Gesetzes wegen zu Zweckbetrieben erklärt, sodass die allgemeinen Voraussetzungen nicht vorliegen müssen.

Allgemeine Definition eines Zweckbetriebs

Ein Zweckbetrieb ist gegeben, wenn

- der wirtschaftliche Geschäftsbetrieb in seiner Gesamtausrichtung dazu dient, die steuerbegünstigten satzungsmäßigen Zwecke des Vereins zu verwirklichen,
- die Zwecke nur durch einen solchen Geschäftsbetrieb erreicht werden können und
- der wirtschaftliche Geschäftsbetrieb zu nicht begünstigten Betrieben derselben oder ähnlicher Art nicht in größerem Umfang in Wettbewerb tritt, als es bei Erfüllung der steuerbegünstigten Zwecke unvermeidbar ist.

Gerade an der letzten Voraussetzung – dem Wettbewerb mit steuerpflichtigen Betrieben – scheitert sehr häufig die Anerkennung als Zweckbetrieb: Die Finanzverwaltung vertritt hier die Auffassung, dass eine tatsächliche, konkrete Konkurrenz- und Wettbewerbssituation zu steuerpflichtigen Betrieben derselben oder ähnlicher Art nicht erforderlich sei. Ein Zweckbetrieb sei daher bereits dann nicht gegeben, wenn ein Wettbewerb mit steuerpflichtigen Unternehmen lediglich möglich wäre – dabei kommt es nicht auf die tatsächliche Wettbewerbssituation vor Ort an.

In der jüngeren Rechtsprechung ist in diesem Zusammenhang die Frage diskutiert worden, ob Organisationsleistungen durch einen gemeinnützigen Verein in einen Wettbewerb mit steuerpflichtigen Unternehmen treten können, wenn sie mit ehrenamtlichen Helfern zu sehr geringen Preisen durchgeführt werden. Die Entscheidung betraf die Mitwirkung der DRK-Verbände beim Blutspendedienst:

Ehrenamtliche Helfer beim DRK

Die Verbände verteilten z. B. durch unbezahlte, ehrenamtliche Helfer Plakate und stellten ehrenamtliche Helfer, die bei den Blutspendeterminen die Blutspender mit Lebensmitteln und geringwertigen Geschenken versorgten, sich um sie kümmerten und andere Hilfsdienste übernahmen. Für diese Konstellation entschied das Finanzgericht, dass sich die DRK-Verbände mit ihren ehrenamtlichen Mitarbeitern in einem Dienstleistungsbereich befänden, der weder tatsächlich noch potenziell zu anderen Betrieben ähnlicher Art in einer Wettbewerbssituation stünde.

Es bleibt abzuwarten, ob sich diese Auffassung auch für andere Bereiche ehrenamtlicher Arbeit durchsetzt.

Gesetzlich definierte Zweckbetriebe

Über die allgemeine Definition der Zweckbetriebe hinaus gibt es eine Reihe von gesetzlich definierten Zweckbetrieben. Dabei handelt es sich um folgende:

- Einrichtungen der Wohlfahrtspflege, wenn ihre Leistungen mindestens zu zwei Dritteln hilfsbedürftigen Personen zugute kommen
- Krankenhäuser, wenn bestimmte Voraussetzungen erfüllt sind

- Sportliche Veranstaltungen eines Sportvereins, wenn die Einnahmen einschließlich Umsatzsteuer insgesamt 35.000 Euro im Jahr nicht übersteigen. Der Verkauf von Speisen und Getränken sowie die Werbung gehören nicht zu den sportlichen Veranstaltungen.
- Alten-, Altenwohn- und Pflegeheime, Erholungsheime, Mahlzeitendienste, wenn sie in besonderem Maße hilfsbedürftigen Personen dienen
- Kindergärten, Kinder-, Jugend- und Studentenheime, Schullandheime und Jugendherbergen
- Landwirtschaftliche Betriebe und Gärtnereien, die der Selbstversorgung von Körperschaften dienen und dadurch die sachgemäße Ernährung und ausreichende Versorgung von Anstaltsangehörigen sichern
- Bestimmte Selbstversorgungseinrichtungen, wenn die Lieferungen und sonstigen Leistungen dieser Einrichtungen an Außenstehende dem Wert nach 20 % der gesamten Lieferungen und sonstigen Leistungen des Betriebs – einschließlich der für den Verein selbst bestimmten – nicht übersteigen
- Werkstätten für behinderte Menschen, wenn bestimmte Voraussetzungen vorliegen
- Bestimmte Einrichtungen für Beschäftigungs- und Arbeitstherapie
- Integrationsprojekte zur Beschäftigung schwerbehinderter Menschen auf dem allgemeinen Arbeitsmarkt (§ 132 Abs. 1 SGB IX)

- Einrichtungen, die zur Durchführung der Blindenfürsorge und zur Durchführung der Fürsorge für Körperbehinderte unterhalten werden
- Einrichtungen der Fürsorgeerziehung und der freiwilligen Erziehungshilfe
- Von den zuständigen Behörden genehmigte Lotterien und Ausspielungen, wenn der Reinertrag unmittelbar und ausschließlich zur Förderung mildtätiger, kirchlicher oder gemeinnütziger Zwecke verwendet wird
- Kulturelle Einrichtungen, wie Museen und Theater, und kulturelle Veranstaltungen, wie Konzerte und Kunstausstellungen; dazu gehört nicht der Verkauf von Speisen und Getränken.
- Volkshochschulen und andere Einrichtungen, soweit sie selbst Vorträge, Kurse und andere Veranstaltungen wissenschaftlicher oder belehrender Art durchführen; dies gilt auch, soweit die Einrichtungen den Teilnehmern dieser Veranstaltungen selbst Beherbergung und Beköstigung gewähren.
- Wissenschafts- und Forschungseinrichtungen, deren Träger sich überwiegend aus Zuwendungen der öffentlichen Hand oder Dritter oder aus der Vermögensverwaltung finanziert. Der Wissenschaft und Forschung dient auch die Auftragsforschung. Nicht zum Zweckbetrieb gehören Tätigkeiten, die sich auf die Anwendung gesicherter wissenschaftlicher Erkenntnisse beschränken, die Übernahme von Projektträgerschaften sowie wirtschaftliche Tätigkeiten ohne Forschungsbezug.

Auf den Punkt gebracht

Die Zweckbetriebe sind die Bereiche des gemeinnützigen Vereins, in denen er wirtschaftlich tätig ist und gleichwohl Steuervorteile genießt. Die Grenzen und Voraussetzungen sind sorgfältig zu beachten, da andernfalls die allgemeine Steuerpflicht eintritt.

Vorsicht bei der Mittelverwendung!

Als Gegenleistung dafür, dass der Gesetzgeber Steuervorteile gewährt, verlangt er, dass die Mittel in einer bestimmten Weise eingesetzt werden. Dabei sind im Wesentlichen folgende Aspekte zu unterscheiden:

- die Zwecke, für die die Mittel verwendet werden dürfen (Zweckbindung)
- die Rechtsträger, die die Mittel verwenden dürfen
- die Frist, innerhalb derer die Mittel verwendet werden müssen (zeitnahe Mittelverwendung)

Welche Mittel sind gemeint?

Die Pflicht zur Mittelverwendung betrifft im Grunde genommen sämtliche Mittel, die einem gemeinnützigen Verein zur Verfügung stehen, zum Beispiel:

- Spendeneinnahmen
- Mitgliedsbeiträge
- Gewinne aus wirtschaftlichem Geschäftsbetrieb

- Gewinne aus Zweckbetrieben
- Überschüsse aus der Vermögensverwaltung

Wofür dürfen die Mittel verwendet werden?

Sämtliche Mittel müssen grundsätzlich für die eigenen steuerbegünstigten satzungsgemäßen Zwecke verwendet werden. Die Mittel können also verwendet werden

- für die eigene, aktive ideelle Tätigkeit;
- für den Einsatz in Zweckbetrieben;
- für den Einsatz durch Hilfspersonen. Hilfspersonen können z. B. steuerpflichtige Unternehmen oder freiberufliche Kräfte sein. Dann muss aber insbesondere nach den rechtlichen und tatsächlichen Beziehungen, die zwischen dem Verein und der Hilfsperson bestehen, das Wirken der Hilfsperson wie eigenes Wirken des Vereins anzusehen sein. Der Verein hat dann durch die Vorlage z. B. von Arbeits-, Dienst- oder Werkverträgen nachzuweisen, dass er den Inhalt und den Umfang der Tätigkeit der Hilfspersonen bestimmen kann und dass er sie überwacht;
- für die Anschaffung oder Herstellung von Vermögensgegenständen für satzungsmäßige Zwecke (z. B. die Errichtung von Gebäuden, die Anschaffung von Sportgeräten o. Ä.).

Werden Vermögensgegenstände, die mit steuerbegünstigten Mitteln angeschafft wurden, veräußert, so besteht auch hier die Pflicht zur Mittelverwendung. Der Veräußerungserlös muss also jedenfalls für die eigenen satzungsgemäßen steuerbegünstigten Zwecke eingesetzt werden.

Tipp 80: Gesellige Veranstaltungen

Unschädlich ist es, wenn der Verein gesellige Zusammenkünfte veranstaltet, die im Vergleich zu seiner steuerbegünstigten Tätigkeit von untergeordneter Bedeutung sind.

Tipp 81: Keine Verluste ausgleichen

Die Mittel dürfen nicht zur Deckung von Verlusten in steuerpflichtigen wirtschaftlichen Geschäftsbetrieben verwendet werden!

Tipp 82: Sachspenden für Versteigerung/Verkauf

Die Verwendung von Sachspenden, die zur Mittelbeschaffung verwendet werden – z. B. für eine Versteigerung oder für den Verkauf –, ist nicht zulässig. Für solche Sachspenden dürfen Sie keine Zuwendungsbestätigungen ausstellen, weil hier in der Regel ein steuerpflichtiger wirtschaftlicher Geschäftsbetrieb vorliegt.

Tipp 83: GmbH- und Stiftungsbeteiligung

Problematisch ist es auch, wenn der Verein sich an einer GmbH beteiligt und die Stammeinlage aus zeitnah zu verwendenden Mitteln leistet. Selbst die Ausstattung einer gemeinnützigen Stiftung durch den gemeinnützigen Verein mit zeitnah zu verwendenden Mitteln ist problematisch, da die Stiftung das Stiftungskapital nicht ausgeben darf.

Die Weitergabe der Mittel

Darüber hinaus gibt es eine Reihe von Möglichkeiten, die Mittel nicht nur für die eigenen steuerbegünstigten Zwecke, sondern für die Zwecke anderer Körperschaften einzusetzen:

- Der Verein kann seine Mittel an andere gemeinnützige Körperschaften oder an Körperschaften des öffentlichen Rechts weitergeben. Man spricht in diesem Fall von einer „Förderkörperschaft". Diese Möglichkeit besteht in der Höhe unbegrenzt, wenn der Verein sich dies in seiner Satzung zum Zweck gemacht hat (vgl. Tipp 14).

Tipp 84: Bis zur Hälfte der Mittel weitergeben

Ist die Weitergabe von Mitteln nicht Satzungszweck, so können Mittel nur teilweise an andere gemeinnützige Körperschaften oder an Körperschaften des öffentlichen Rechts weitergegeben werden. Was genau unter „teilweise" zu verstehen ist, ist unklar. In der Regel wird es aber unproblematisch sein, wenn im Laufe eines Kalenderjahres nicht mehr weitergegeben wird als die Hälfte dessen, was zu Beginn des Kalenderjahres nach Abzug aller Schulden vorhanden war.

- Der Verein kann seine Arbeitskräfte anderen Personen, Unternehmen, Einrichtungen oder einer Körperschaft des öffentlichen Rechts zu steuerbegünstigten Zwecken zur Verfügung stellen. Mit den Arbeitskräften können zugleich auch Arbeitsmittel (z. B. ein Krankenwagen) ausgeliehen werden. Dabei kommt es nicht darauf an, ob die anderen Personen, Unternehmen, Einrichtungen oder die Körperschaft öffentlichen Rechts selbst steuerpflichtig oder gemeinnützig sind.

Tipp 85: Kein Entgelt vereinbaren

Dies gilt jedoch nur, wenn kein Entgelt vereinbart wird. Die entgeltliche Überlassung von Arbeitskräften ist nach Auffassung der Finanzverwaltung immer ein steuerpflichtiger wirtschaftlicher Geschäftsbetrieb.

- Der Verein kann ihm gehörende Räume einer anderen gemeinnützigen Körperschaft oder einer Körperschaft des öffentlichen Rechts zur Verfügung stellen.

Tipp 86: Keine Miete/Pacht verlangen

Auch hier ist Voraussetzung, dass kein Entgelt verlangt wird. Die Vermietung oder Verpachtung von Räumen ist vielmehr als steuerpflichtiger wirtschaftlicher Geschäftsbetrieb oder als Vermögensverwaltung zu beurteilen.

Innerhalb welcher Frist müssen die Mittel verwendet werden?

Der Gesetzgeber verlangt, dass die steuerbegünstigten Zwecke möglichst zeitnah verfolgt werden. Die Mittel, die im Zusammenhang mit Steuerbegünstigungen erwirtschaftet werden, sollen auch möglichst unmittelbar für steuerbegünstigte Zwecke eingesetzt werden. Aus diesem Grunde gilt der Grundsatz der „zeitnahen Mittelverwendung".

Tipp 87: Ein Jahr Zeit

Eine zeitnahe Mittelverwendung ist gegeben, wenn die Mittel spätestens in dem auf den Zufluss folgenden Kalender- oder Wirtschaftsjahr für die steuerbegünstigten satzungsmäßigen Zwecke verwendet werden.

Am Ende des Kalender- oder Wirtschaftsjahres noch vorhandene Mittel müssen in der Bilanz oder Vermögensaufstellung des Vereins dem Vermögen bzw. einer zulässigen Rücklage zugeordnet oder als im zurückliegenden Jahr zugeflossene Mittel, die im folgenden Jahr für steuerbegünstigte Zwecke zu verwenden sind, ausgewiesen sein. Soweit Mittel nicht schon im Jahr des Zuflusses für steuerbegünstigte Zwecke verwendet oder zulässigerweise dem Vermögen zugeführt werden, ist ihre zeitnahe Verwendung nachzuweisen, zweckmäßigerweise durch eine Nebenrechnung – die sog. **Mittelverwendungsrechnung**.

Hat der Verein Mittel angesammelt und keine zulässigen Rücklagen gebildet, so kann das Finanzamt ihm eine Frist für die Verwendung der Mittel setzen. Die Gemeinnützigkeit ist dann nicht gefährdet, wenn der Verein die Mittel innerhalb der Frist für steuerbegünstigte Zwecke verwendet. Treten allerdings die steuerbegünstigten Tätigkeiten des Vereins gegenüber dem Ansammeln von Mitteln völlig in den Hintergrund, so ist die gesamte Gemeinnützigkeit des Vereins gefährdet.

Tipp 88: Mittelverwendung nachweisen

Ergibt sich aus der Rechnungslegung des Vereins, dass mindestens so viele Mittel abgeflossen sind, wie im Vorjahr zugeflossen waren, so wird auf eine gesonderte Mittelverwendungsrechnung in der Regel verzichtet werden können. In vielen Fällen lässt sich die ordnungsgemäße Mittelverwendung auch aus einer Einnahmen-Überschussrechnung oder aus einem Jahresabschluss herleiten.

Rücklagen

Auf die Bildung von Rücklagen sollte nicht verzichtet werden, weil sie einen erheblichen Spielraum für die Finanzierung neuer Projekte ermöglicht. Die Finanzverwaltung vertritt zudem die Auffassung, dass eine nicht gebildete Rücklage nicht nachträglich nachgeholt werden kann.

Die Rücklagenbildung, von der im Zusammenhang mit der Mittelverwendung die Rede ist, hat mit der Rücklagenbildung, wie sie aus dem kommunalen Haushaltsrecht oder aus der kaufmännischen Rechnungslegung bekannt ist, dem Grunde nach nichts zu tun.

Tipp 89: Rücklage ist nicht gleich Rücklage

Die im Folgenden beschriebene gebundene Rücklage und die freie Rücklage dürfen insbesondere mit den in einer Bilanz ausgewiesenen Kapital- oder Gewinnrücklagen nicht verwechselt werden!

Es gibt noch weitere Möglichkeiten, Rücklagen zu bilden:

Tipp 90: Rücklagen in verschiedenen Bereichen

In gewissen Grenzen sind Rücklagen in steuerpflichtigen wirtschaftlichen Geschäftsbetrieben und auch in der Vermögensverwaltung zulässig. Besteht eine Beteiligung an einer GmbH, so kann auch hierfür in engen Grenzen eine Rücklage gebildet werden.

Neben der Rücklagenbildung können bestimmte Mittel auch dem Vermögen zugeführt werden.

Tipp 91: Rücklagen für das Vermögen

Rücklagen, die dem Vermögen zugeführt werden, unterliegen nicht dem Zwang, zeitnah für steuerbegünstigte Zwecke eingesetzt werden zu müssen.

Dabei handelt es sich um folgende Mittel:

- Zuwendungen von Todes wegen (z. B. Erbschaften), wenn der Erblasser keine Verwendung für den laufenden Aufwand vorgeschrieben hat

- Zuwendungen, bei denen der Zuwendende ausdrücklich erklärt, dass sie für das Vermögen bestimmt sind
- Zuwendungen aufgrund einer Spendenaufrufs, wenn aus dem Aufruf ersichtlich ist, dass die Spenden zur Aufstockung des Vermögens erbeten werden
- Sachzuwendungen, die ihrer Natur nach zum Vermögen gehören (z. B. Wohngrundstücke oder Wertpapierdepots)

Die Bildung gebundener Rücklagen

Das Gesetz lässt es zu, dass der Verein seine Mittel ganz oder teilweise einer Rücklage zuführt, soweit dies erforderlich ist, um seine steuerbegünstigten satzungsmäßigen Zwecke nachhaltig erfüllen zu können (gebundene Rücklagen, § 58 Nr. 6 AO).

Die Rücklage kann aber nur für ganz konkret geplante Vorhaben gebildet werden. Das Bestreben, ganz allgemein die Leistungsfähigkeit der Körperschaft zu erhalten, reicht für eine steuerlich unschädliche Rücklagenbildung nach dieser Vorschrift nicht aus.

Die Mittel müssen für bestimmte, die steuerbegünstigten Satzungszwecke verwirklichende Vorhaben angesammelt werden, für deren Durchführung bereits konkrete Zeitvorstellungen bestehen. Bestehen noch keine konkrete Pläne, ist eine Rücklagenbildung dennoch zulässig, wenn die Durchführung des Vorhabens glaubhaft und in Anbetracht der finanziellen Verhältnissen der steuerbegünstigten Körperschaft in einem angemessenen Zeitraum möglich ist.

Es kann sein, dass der Grund, der ursprünglich für die Bildung der Rücklage bestand, später entfällt. Dies ist z. B. der Fall, wenn entgegen ursprünglicher Planungen vom Kauf eines Grundstücks endgültig abgesehen wird. Dann muss der Verein die Rücklage auflösen und die Mittel unverzüglich anderweitig für steuerbegünstigte Zwecke verwenden. Er kann diese Mittel nicht seinem Vermögen zuführen.

Tipp 92: Dokumentieren Sie Ihre Pläne

Plant der Verein größere Investitionen, z. B. die Anschaffung eines Grundstücks und die Errichtung eines Gebäudes, so sollte eine gebundene Rücklage gebildet werden. Dokumentieren Sie dies etwa durch den Beschluss des Vorstandes oder durch einen mit dem aktuellen Datum versehenen Projektplan, dem Unterlagen wie Baupläne oder Kostenvoranschläge beigefügt sind.

Ein Spezialfall der gebundene Rücklage ist die sog. **Betriebsmittelrücklage**.

Tipp 93: Bei wiederkehrenden Ausgaben sinnvoll

Mithilfe der Betriebsmittelrücklage können Sie Mittel für periodisch wiederkehrende Ausgaben (z. B. Löhne, Gehälter, Mieten) zurücklegen.

Die Betriebsmittelrücklage ist in Höhe des Mittelbedarfs für eine angemessene Zeitperiode möglich. Was genau „angemessen" ist, richtet sich nach den Verhältnissen des

Vereins, z. B. danach, mit welchen sicheren Einnahmen er rechnen kann.

Tipp 94: Rücklage transparent dokumentieren

Der Verein muss dem Finanzamt die Voraussetzungen für die Bildung der Rücklage im Einzelnen **darlegen** und in der Rechnungslegung **ausweisen**. Er kann hierzu auch eine Nebenrechnung führen. Die Kontrolle muss aber jederzeit und ohne besonderen Aufwand möglich sein.

Die Bildung der freien Rücklage

Eine weitere Möglichkeit besteht darin, eine sog. „freie Rücklage" gem. § 58 Nr. 7a AO zu bilden. In diesem Zusammenhang kann der Verein bis zu einem Drittel des Überschusses der Einnahmen über die Unkosten aus Vermögensverwaltung und darüber hinaus bis zu 10 % seiner sonstigen zeitnah zu verwendenden Mittel einer freien Rücklage zuführen.

Im Bereich der Vermögensverwaltung wird hierfür ein Gewinn ermittelt, wie er auch bei Privatpersonen für Einkünfte aus Vermietung und Verpachtung errechnet wird. Maßgebend sind die erzielten Erträge abzüglich der Werbungskosten. Zu den sonstigen Mitteln, von denen 10 % der freien Rücklage zugeführt werden können, zählen z. B. Spenden, Mitgliedsbeiträge und Gewinne aus steuerpflichtigen wirtschaftlichen Geschäfts- oder Zweckbetrieben.

Die Bildung der Rücklage kann nicht nachgeholt werden. Stehen also am Jahresende nicht genügend Mittel zur

Verfügung, aus denen eine freie Rücklage gebildet werden kann, so kann der nicht ausgeschöpfte Betrag im Folgejahr nicht nachträglich für eine Rücklage verwendet werden.

Tipp 95: Rücklagen anlegen

Der Verein kann die durch die Rücklagenbildung angesammelten Mittel zu einem guten Zinssatz anlegen oder sie seinem Vermögen zuführen.

Hat der Verein die Mittel für steuerbegünstigte Zwecke eingesetzt, so kann er die Rücklage in späteren Veranlagungszeiträumen wieder auffüllen.

Der Verein ist aber nicht völlig frei darin, was er mit der Rücklage macht:

Tipp 96: Nicht für den steuerpflichtigen Bereich

Der Verein darf die Mittel aus der Rücklage nicht im steuerpflichtigen Bereich verbrauchen, sie also insbesondere nicht zu Verlustabdeckung von steuerpflichtigen wirtschaftlichen Geschäftsbetrieben verwenden.

Tipp 97: Rücklagen dokumentieren

Achten Sie darauf, die Bildung der Rücklagen in den Unterlagen des Vereins zu dokumentieren, sodass Sie ggf. einen entsprechenden Nachweis gegenüber dem Finanzamt führen können.

Auf den Punkt gebracht

Zu den Grundlagen der Gemeinnützigkeit gehört, dass die mithilfe von Steuervorteilen erwirtschafteten Mittel nur für die steuerbegünstigten Zwecke und binnen Jahresfrist eingesetzt werden dürfen. Die Möglichkeit der Rücklagenbildung schafft hier Spielraum.

Ehrenamtliche im Verein

Das Engagement in den Vereinen ist wichtig. Genauso wichtig für den Verein ist aber eine stetige und kontinuierliche Arbeit und diese hängt von den Personen ab, die die Aufgaben, die sich der Verein gestellt hat, übernehmen. Ein ganz wesentlicher Motivationsfaktor für die Arbeit im Verein ist das gemeinsame Ziel, das sich die Mitglieder des Vereins gesetzt haben. Dennoch wird es immer das Bedürfnis geben, den Beitrag von ehrenamtlich Tätigen anzuerkennen und angemessen – auch finanziell – zu würdigen.

Alles, was der Verein den ehrenamtlich Tätigen als Anerkennung für geleistete Dienste zukommen lässt, kann jedoch in der Steuer und in der Sozialversicherung erhebliche Folgen haben. Um mit einem weit verbreiteten Irrtum aufzuräumen:

Tipp 98: Ehrenamt ist nicht gleich Steuerfreiheit

Allein die Ehrenamtlichkeit führt nicht dazu, dass Leistungen an Ehrenamtliche nicht der Steuer oder der Sozialversicherungspflicht unterliegen. Im Gegenteil behandelt die Rechtsprechung Ehrenamtliche wie Arbeitnehmer oder Aushilfskräfte.

Es gibt keinen allgemeingültigen Begriff der Ehrenamtlichkeit. Nach der Rechtsprechung zeichnet sich das Ehrenamt dadurch aus, dass es nicht um des Erwerbsstrebens willen ausgeübt wird. Bei Vereinbarungen über einen pauschalen Aufwendungsersatz geht die Rechtsprechung allerdings regelmäßig von einer Vergütung für geleistete Dienste aus.

Überschreiten die Zahlungen und Vorteile, die ehrenamtlich Tätigen gewährt werden, die Grenze des reinen Auslagenersatzes und dessen, was im Rahmen der Mitgliederbetreuung üblich und angemessen ist, so wird meist ein Arbeitsverhältnis (z. B. ähnlich einer Aushilfstätigkeit) anzunehmen sein. Es kann aber auch sein, dass Ehrenamtliche selbstständig tätig werden. Die Abgrenzung ist schwierig und hat weitreichende Folgen (z. B. im Arbeits-, Steuer- und Sozialversicherungsrecht) – sowohl für den Verein als auch für den Ehrenamtlichen.

Tipp 99: Fachlichen Rat suchen

Befragen Sie im Zweifel rechtzeitig einen Rechtsanwalt oder Steuerberater, ob der Ehrenamtliche im konkreten Fall als Arbeitnehmer oder als Selbstständiger zu beurteilen ist.

Grundsätzlich kommt es nicht darauf an, ob die Zahlungen direkt vom Verein oder von einem Dritten (zum Beispiel einem Sponsor) gezahlt werden.

Tipp 100: Vorsicht bei Zahlungen Dritter

Zahlungen von Dritten (etwa von Sponsoren oder Förderern) an Ehrenamtliche im Zusammenhang mit deren Tätigkeit für den Verein können für den Verein die Pflicht auslösen, sowohl Lohnsteuer als auch Sozialversicherung abzuführen!

Tipp 101: Trinkgelder sind steuerfrei

Trinkgelder sind steuerfrei, wenn sie anlässlich einer Arbeitsleistung des Ehrenamtlichen von einem Dritten freiwillig und ohne dass ein Rechtsanspruch auf sie besteht, zusätzlich zu dem Betrag gegeben werden, den der Dritte für die Arbeitsleistung grundsätzlich zu entrichten hat.

Dies gilt aber nur, wenn der Ehrenamtliche nicht als Selbstständiger zu behandeln ist – sonst gehören sie zu den steuerpflichtigen Einnahmen.

Auf den Punkt gebracht

Die Einbindung von Ehrenamtlichen in die Tätigkeit des Vereins bietet viele Chancen und wird durch den Gesetzgeber immer mehr gefördert und gefordert. Die Möglichkeiten, ehrenamtliche Arbeit mit der Zuwendung von Vermögensvorteilen anzuerkennen, sind allerdings auf ihre steuerlichen und sozialversicherungsrechtlichen Folgen zu prüfen.

Vorsicht bei Geschenken!

Geschenke an ehrenamtliche Mitarbeiter und Mitglieder sind grundsätzlich bedenklich. Die Gemeinnützigkeit gewährt Steuervorteile vor dem Hintergrund, dass gerade die Allgemeinheit und nicht einzelne Personen gefördert werden. Dies findet unter anderem in den folgenden grundlegenden gesetzlichen Bestimmungen seinen Ausdruck:

- Die Mitglieder dürfen keine Gewinnanteile und in ihrer Eigenschaft als Mitglieder auch keine sonstigen Zuwendungen aus Mitteln des Vereins erhalten.
- Der Verein darf keine Person durch Ausgaben, die dem Vereinszweck fremd sind, oder durch unverhältnismäßig hohe Vergütungen begünstigen.

Auch die Finanzverwaltung erkennt jedoch an, dass diese Grundsätze nicht gelten, soweit es sich um Annehmlichkeiten handelt, wie sie im Rahmen der Betreuung von Mitgliedern allgemein üblich und nach allgemeiner Verkehrsauffassung als angemessen anzusehen sind.

Eine feste betragsmäßige Grenze hierfür ist aber weder dem Gesetz noch der Rechtsprechung oder den Anweisungen der Finanzbehörden zu entnehmen.

Tipp 102: 40-Euro-Grenze bei Sachgeschenken

Bei Geschenken an Mitglieder wird in der Regel auf die lohnsteuerrechtlichen Vorschriften verwiesen. Hier beträgt die Grenze für Sachzuwendungen 40 Euro. Bleibt der Wert darunter, wird meist eine Aufmerksamkeit anzunehmen sein, die zu keiner ins Gewicht fallenden Bereicherung führt.

Teilweise wird auch die Abgabe von verbilligten Eintrittskarten an die Mitglieder als zulässig angesehen, wenn der Ermäßigungsbetrag den Mitgliedsbeitrag des Kalenderjahres nicht übersteigt.

Bisweilen wird auch versucht, danach abzugrenzen, ob Aufwendungen im Verhältnis zum Beitragsaufkommen eine untergeordnete Rolle spielen. Danach wäre noch zulässig, wenn alle Aufwendungen für nicht gemeinnützige Zwecke (z. B. Vereinsfeste, Pflege der Geselligkeit und Gewährung sonstiger Vorteile an Mitglieder) 10 % der Einnahmen aus Mitgliedsbeiträgen nicht übersteigen.

Tipp 103: Vorsicht bei Geldgeschenken

Vorsicht ist bei Geldgeschenken und Sonderzuwendungen an einzelne Mitglieder geboten. Diese werden nicht mehr als Annehmlichkeiten und damit als gemeinnützigkeitsgefährdend einzustufen sein.

Geschenke zu besonderen persönlichen Ereignissen der Mitglieder – wie etwa eine Ehrung für langjährige Arbeit für den Verein – werden noch für unbedenklich gehalten.

Tipp 104: Gesellige Zusammenkünfte

Auch gesellige Zusammenkünfte sind nur unschädlich für die Gemeinnützigkeit, wenn sie im Vergleich zu steuerbegünstigten Tätigkeiten des Vereins von untergeordneter Bedeutung sind.

Auf den Punkt gebracht

Geschenke an ehrenamtliche Mitarbeiter und Mitglieder sind problematisch. Die Zuwendung von Annehmlichkeiten ist möglich.

Aufwendungsersatz

In der Regel hat ein Ehrenamtlicher einen Anspruch auf Ersatz seiner Aufwendungen. Unter „Aufwendungsersatz" versteht man meist alle belegbaren Auslagen.

> **!**
> **Tipp 105: Kein Ausgleich für Verdienstausfall**
> Zu den Aufwendungen gehören in der Regel nicht Zahlungen für entgangene Einnahmen des Ehrenamtlichen (z. B. Lohn-, Verdienstausfälle).

Die Grenze zwischen Aufwendungsersatz und Vergütung ist oft schwer zu ziehen. Leichter ist es, wenn man sich daran orientiert, was im Steuerrecht ausdrücklich steuerfrei – und damit meist auch sozialversicherungsfrei – bezahlt werden darf:

> **!**
> **Tipp 106: Grenze steuerfreier Vergütung beachten**
> Unproblematisch ist es, wenn der Aufwendungsersatz den Rahmen steuerfreier Vergütungen nicht übersteigt. In diesem Fall spielt es steuerlich keine Rolle, ob es sich um Aufwendungsersatz oder um eine Vergütung handelt.

Durchlaufende Gelder und Auslagenersatz

Steuerfrei sind zum Beispiel solche Beträge, die ein Arbeitnehmer des Vereins erhält, um sie für den Verein auszugeben, und solche Beträge, durch die Auslagen eines Arbeitnehmers für den Verein ersetzt werden. Man spricht hier von „durchlaufenden Geldern“ und von „Auslagenersatz“ im eigentlichen Sinne.

Tipp 107: Dokumentieren Sie solche Ausgaben

Dokumentieren Sie, dass die Beträge für den Verein (und nicht etwa für den Ehrenamtlichen selbst) verauslagt wurden, und rechnen Sie über diese Beträge einzeln und nicht als Pauschale ab!

Reisekosten

In gewissen Grenzen können auch Reisekosten steuerfrei ersetzt werden. Unter diesen Oberbegriff fällt die Erstattung von Reisekosten, Umzugskosten oder Mehraufwendungen bei doppelter Haushaltsführung durch den Verein.

Tipp 108: Orientierung an der Lohnsteuer

Der Verein kann den Ehrenamtlichen grundsätzlich die Reisekosten ersetzen, die auch ein Arbeitgeber einem Arbeitnehmer lohnsteuer- und sozialversicherungsfrei erstatten kann.

Als steuerfreie Fahrtkostenerstattung erkennen die Finanzbehörden derzeit an:

- Bei öffentlichen Verkehrsmitteln den Fahrpreis inklusive eventueller Zuschläge
- Bei Benutzung eines eigenen Fahrzeugs durch den Ehrenamtlichen kann von den Kosten der Anteil angesetzt werden, der dem Anteil der für den Verein gefah-

renen Kilometer an der Jahresfahrleistung des Fahrzeugs entspricht.

- Stattdessen können auch folgende Pauschalen je Fahrtkilometer erstattet werden: bei einem Kfz 0,30 Euro, bei einem Motorrad oder einem Motorroller 0,13 Euro, bei einem Moped oder Mofa 0,08 Euro, bei einem Fahrrad 0,05 Euro. Für jeden Mitfahrer erhöht sich der Kilometersatz um 0,02 Euro bei einem Kfz und um 0,01 Euro bei einem Motorrad oder einem Motorroller. Zusätzliche Aufwendungen, die durch die Mitnahme von Gepäck verursacht werden, können nicht steuerfrei ersetzt werden.

Als steuerfreien Verpflegungsmehraufwand auf Reisen erkennen die Finanzbehörden derzeit folgende Beträge an:

- bei 24 Stunden Abwesenheit einen Pauschbetrag von 24 Euro,
- bei weniger als 24 Stunden, aber mindestens 14 Stunden Abwesenheit einen Pauschbetrag von 12 Euro,
- bei weniger als 14 Stunden, aber mindestens 8 Stunden Abwesenheit einen Pauschbetrag von 6 Euro.

Vorsicht bei Pauschalen!

Eine Vereinbarung, nach der nicht einzelne Aufwendungen ersetzt werden, sondern nur eine Pauschale bezahlt wird, führt regelmäßig dazu, dass der pauschale Ersatz als (steuer- und ggf. auch sozialversicherungspflichtige) Vergütung anzusehen ist. Die Geltendmachung der tatsächlich entstandenen Aufwendungen als Werbungskosten oder Betriebsausgaben bleibt in diesem Fall dem Ehrenamtlichen überlassen.

Tipp 109: Pauschalen vermeiden

Vermeiden Sie pauschale Zahlungen als Aufwendungsersatz, wenn sich dies umgehen lässt.

Tipp 110: Bei Kleinbeträgen unproblematisch

Eine Ausnahme besteht, wenn es sich um kleine Beträge handelt, die erfahrungsgemäß die Höhe des entstandenen Aufwands nicht übersteigen. Dokumentieren Sie dies!

Tipp 111: Wiederkehrende Ausgaben

Eine Ausnahme lässt die Finanzverwaltung auch zu bei für den Verein regelmäßig wiederkehrenden Ausgaben, wenn die tatsächlich entstandenen Aufwendungen im Einzelnen für einen repräsentativen Zeitraum von drei Monaten nachgewiesen werden.

Auf den Punkt gebracht

Es ist unbedenklich, den ehrenamtlich Tätigen Aufwendungen zu ersetzen, solange die Grenze zur Vergütung nicht überschritten wird.

Steuerfreie Vergütungen

Im Gegensatz zum Auslagenersatz können der Übungsleiterfreibetrag und die Ehrenamtspauschale zu einem echten Vermögensvorteil bei dem Ehrenamtlichen führen.

Eine Vergütung liegt aber nicht vor, wenn der Verein Leistungen ausschließlich im eigenen Interesse an die Ehrenamtlichen erbringt.

Tipp 112: Aufwendungen im Vereinsinteresse

In Einzelfällen kann es sich lohnen zu prüfen, ob bestimmte Aufwendungen nicht ausschließlich im Interesse des Vereins entstanden sind. Dann sind dies Ausgaben des Vereins und keine Leistungen an die Ehrenamtlichen.

Beispiel für Aufwendungen im Vereinsinteresse

Freie Unterkunft und Verpflegung für Betreuungskräfte in Ferienlagern, wenn der Verein verpflichtet ist, die ihm anvertrauten Kinder und Jugendlichen für die Dauer der Erholungsaufenthalte vor Schaden zu bewahren.

Der Übungsleiterfreibetrag

Der Übungsleiterfreibetrag (§ 3 Nr. 26 EStG) stellt Einnahmen aus

- **nebenberuflichen** Tätigkeiten als Übungsleiter, Ausbilder, Erzieher, Betreuer oder vergleichbaren nebenberuflichen Tätigkeiten, aus nebenberuflichen künstlerischen

Tätigkeiten oder der nebenberuflichen Pflege alter, kranker oder behinderter Menschen,

- im Dienst oder im Auftrag einer **gemeinnützigen** Einrichtung oder eines gemeinnützigen Vereins,
- bis zur Höhe von insgesamt 2.100 Euro im Jahr.

steuerfrei. Entsprechend entfällt dann auch der Werbungskosten- oder Betriebsausgabenabzug aufseiten des Ehrenamtlichen.

Zu den begünstigten Tätigkeiten gehören z. B.

- die Tätigkeit eines Sporttrainers, eines Chorleiters oder Orchesterdirigenten,
- die Lehr- und Vortragstätigkeit im Rahmen der allgemeinen Bildung und Ausbildung (z. B. Kurse und Vorträge an Schulen und Volkshochschulen, Mütterberatung, Erste-Hilfe-Kurse, Schwimm-Unterricht) oder im Rahmen der beruflichen Ausbildung und Fortbildung, nicht dagegen die Ausbildung von Tieren, z. B. von Rennpferden oder Diensthunden.

Die Pflege alter, kranker oder behinderter Menschen umfasst

- die Dauerpflege,
- Hilfsdienste bei der häuslichen Betreuung durch ambulante Pflegedienste (z. B. Unterstützung bei der Grund- und Behandlungspflege, bei häuslichen Verrichtungen und Einkäufen, beim Schriftverkehr),
- die Hilfe bei der Wohnungs- und Heimplatzbeschaffung,

- die Hilfe in Fragen der Inanspruchnahme altersgerechter Dienste sowie
- Sofortmaßnahmen für Schwerkranke und Verunglückte z. B. durch Rettungssanitäter und Ersthelfer.

Tipp 113: Nebenberuf ohne Hauptberuf

Nebenberuflich ist die Tätigkeit auch dann, wenn kein Hauptberuf ausgeübt wird, wenn der Ehrenamtliche also z. B. Rentner, Schüler, Student oder Hausfrau ist. Es kommt allein auf den zeitlichen Umfang an, der ein Drittel der Arbeitszeit des vergleichbaren Vollzeiterwerbs nicht überschreiten darf. Mehrere nebenberufliche Tätigkeiten müssen aber ggf. zusammengerechnet werden.

Tipp 114: Nur pädagogische Tätigkeiten begünstigt

Für eine Tätigkeit als Vorstandsmitglied, als Vereinskassierer oder als Gerätewart bei einem Sportverein kann keine Übungsleiterpauschale bezahlt werden! Begünstigt sind nur Tätigkeiten, die eine pädagogische Ausrichtung haben.

Die Ehrenamtspauschale

Die Ehrenamtspauschale (§ 3 Nr. 26a EStG) wurde erst 2007 neu eingeführt, um auch die vom Übungsleiterfreibetrag nicht betroffenen ehrenamtlichen Tätigkeiten zu fördern. Sie stellt Einnahmen

- aus nebenberuflichen Tätigkeiten im Dienst oder Auftrag einer gemeinnützigen Einrichtung
- bis zur Höhe von insgesamt 500 Euro im Jahr

steuerfrei. Der Freibetrag wird dem Ehrenamtlichen nur einmal gewährt und wird nicht reduziert, wenn sich die Tätigkeit über nur wenige Monate im Jahr erstreckt. Wie bei der Übungsleiterpauschale ist auch hier der Abzug von Werbungskosten oder Betriebsausgaben bei Ehrenamtlichen ausgeschlossen. Die Voraussetzungen sind damit teilweise identisch wie beim Übungsleiterfreibetrag (z. B. für die Voraussetzungen der Nebenberuflichkeit). Das Merkmal einer pädagogischen Ausrichtung der Tätigkeit entfällt jedoch. Amateursportler können nach einer jüngeren Entscheidung der Finanzbehörden die Ehrenamtspauschale aber nicht in Anspruch nehmen.

Tipp 115: Ehrenamtspauschale nicht zusätzlich

Die Ehrenamtspauschale kann nicht zusätzlich für dieselbe Tätigkeit in Anspruch genommen werden, für die bereits eine Aufwandsentschädigung, Zahlungen aus öffentlichen Kassen (§ 3 Nr. 12 EStG) oder die Übungsleiterpauschale gewährt wird.

Tätigkeiten in einem steuerpflichtigen wirtschaftlichen Geschäftsbetrieb und bei der Verwaltung des Vermögens sind jedoch nicht begünstigt.

Tipp 116: Auch bei mehreren Tätigkeiten möglich

Die Finanzbehörden wollen die Ehrenamtspauschale zulassen, wenn mehrere Tätigkeiten nebenberuflich ausgeübt werden, die voneinander trennbar sind, gesondert vergütet werden und wenn die dazu getroffenen Vereinbarungen eindeutig sind. In diesen Fällen kann für die eine Tätigkeit z. B. die Übungsleiterpauschale, für die andere die Ehrenamtspauschale bezahlt werden.

Die Ehrenamtspauschale gilt grundsätzlich als Vergütung. Die Tätigkeit des Vorstandes z. B. ist im Allgemeinen unentgeltlich, was viele Satzungen auch ausdrücklich so vorsehen.

Tipp 117: Vorsicht beim Vorstandsamt

Wenn in der Satzung festgelegt ist, dass das Vorstandsamt ein Ehrenamt ist, darf keine Vergütung bezahlt werden – es sei denn, die Satzung wird geändert! Andernfalls droht der Verlust der Gemeinnützigkeit des Vereins.

Weitere steuerfreie Leistungen

Die Steuerbefreiung für durchlaufende Gelder, für Auslagenersatz sowie für die Übungsleiter- und Ehrenamtspauschale – das sind die wichtigsten Beispiele für steuerfreie Leistungen an Ehrenamtliche. Darüber hinaus gibt es – wie bei anderen Arbeitnehmern und Selbstständigen auch – eine Reihe von Steuerbefreiungen. Hierzu gehören etwa

- das sog. Werkzeuggeld, das für die Nutzung von Werkzeugen des Ehrenamtlichen bezahlt wird,
- die Überlassung von Berufskleidung,
- die private Nutzung von PCs und Telekommunikationseinrichtungen,
- Heirats- und Beihilfen sowie
- Kinderbetreuungsaufwendungen.

Auf den Punkt gebracht

Die Übungsleiter- und die Ehrenamtspauschale sowie die weiteren steuerfrei gestellten Zuwendungen stellen Vergütungen für geleistete Dienste dar, sie haben aber in der Regel keine Folgen im Bereich der Lohnsteuer und des Sozialversicherungsrechts.

Der Niedriglohnbereich

Über den reinen Auslagenersatz und steuerfreie Vergütungen hinaus besteht natürlich auch die Möglichkeit, dem Ehrenamtlichen eine Vergütung zu bezahlen. In diesem Fall liegt keine ehrenamtliche Tätigkeit im ursprünglichen Sinne mehr vor. Diese Vergütungen richten sich vielmehr nach den allgemeinen Bestimmungen zur Besteuerung und Sozialversicherungspflicht.

Folgende Möglichkeiten der Entlohnung könnten jedoch in Betracht kommen:

- geringfügige Tätigkeit (400-Euro-Job)
- kurzfristige Tätigkeit
- der Bereich der Gleitzone

Die geringfügige Tätigkeit

Die geringfügige Tätigkeit ist ein Arbeitsverhältnis mit einer Vergütung von bis zu 400 Euro. Zur Vergütung zählen dabei alle laufenden und einmaligen Einnahmen. So ergibt sich zum Beispiel bei einer monatlichen Zahlung von 380 Euro und einem Weihnachtsgeld von 180 Euro eine durchschnittliche Vergütung von 395 Euro.

Der Verein führt für die Rentenversicherung pauschal 15 %, für die Krankenversicherung pauschal 13 % und für die Lohnsteuer pauschal 2 % ab. Auf ihn kommen damit bei einer Vergütung an den Arbeitnehmer in Höhe von 400 Euro zusätzliche Abgaben von insgesamt 30 %, also 120 Euro zu. Wenn ein geringfügiges Arbeitsverhältnis geplant ist, sollten Sie sich von einem Fachmann beraten lassen. Es gibt verschiedene weitere Pflichten und Gestaltungsmöglichkeiten, mit denen sich Verein und Arbeitnehmer auseinandersetzen müssen.

!

Tipp 118: Pauschalen neben Minijob

Bei einer geringfügigen Tätigkeit darf die durchschnittliche Vergütung 400 Euro nicht übersteigen. Viele steuerfreie Leistungen sind dabei aber nicht mit eingerechnet. Die Übungsleiterpauschale und die Ehrenamtspauschale können damit zusätzlich zu den 400 Euro bezahlt werden!

Die Arbeitszeit spielt bei einer geringfügigen Tätigkeit grundsätzlich keine Rolle.

Tipp 119: Vorsicht bei Tariflohn

Vorsicht bei tariflichen Regelungen oder Mindestlöhnen! Tarifliche Regelungen können z. B. als allgemeinverbindlich erklärt werden. Die Vorteile aus den Pauschalen entfallen bereits dann, wenn aufgrund dieser allgemeinen Regelungen eine höhere Vergütung hätte bezahlt werden müssen. Es kommt dann nicht mehr darauf an, was der Arbeitnehmer tatsächlich bekommen hat.

Die kurzfristige Tätigkeit

Die kurzfristige Tätigkeit ist eine **zeitlich geringfügige** Beschäftigung. Sie ist sozialversicherungsfrei und kann ggf. pauschal besteuert werden. Begünstigt ist eine Beschäftigung für eine Zeitdauer,

- die im Laufe eines Kalenderjahres seit ihrem Beginn auf nicht mehr als zwei Monate oder insgesamt 50 Arbeitstage und
- nach ihrer Eigenart begrenzt zu sein pflegt oder vertraglich begrenzt ist.

Es darf aber keine berufsmäßige Beschäftigung vorliegen (etwa regelmäßig vier Tage am Ende eines Monats).

Die Gleitzone

Die Beschäftigung in der sog. Gleitzone bedeutet, dass das Arbeitsentgelt zwar 400 Euro übersteigt, aber noch unter 800 Euro liegt. Auch hier bleibt der steuer- und beitragsfreie Arbeitslohn – wie z. B. der Reisekostenersatz und die Übungsleiterpauschale – außer Betracht und kann zusätzlich bezahlt werden, ohne dass die Grenze von 800 Euro dadurch überschritten wird.

In der Gleitzone besteht grundsätzlich Lohnsteuer- und Sozialversicherungspflicht. Im Bereich der Lohnsteuer gibt es keine Vorteile. Der Verein als Arbeitgeber hat zur Sozialversicherung ebenfalls die Beiträge zu bezahlen wie bei anderen Arbeitnehmern auch. Der Arbeitnehmeranteil an der Sozialversicherung reduziert sich jedoch. Die Vorteile im Einzelfall müssen durch einen Steuerberater oder einen anderen Fachmann ermittelt werden.

Zuwendungen und Mitgliedsbeiträge

Spenden, die jetzt vom Gesetz als „Zuwendungen" bezeichnet werden, und Mitgliedsbeiträge sind häufig die primäre Finanzierungsquelle ideeller Tätigkeiten des gemeinnützigen Vereins.

Die Motivation für die Gebenden kann darin bestehen, die ideellen und gemeinnützigen Zwecke des Vereins zu fördern. Das Ziel kann aber auch sein, die eigene Steuerlast durch den Abzug der Zuwendungen als Sonderausgaben (§ 10b EStG) zu mindern. Durch das Gesetz zur weiteren Stärkung des bürgerschaftlichen Engagements wurde die Abzugsmöglichkeit für den Spender verbessert. Abzugsfähig sind jetzt Zuwendungen

- bis zur Höhe von 20 % des Gesamtbetrags der Einkünfte oder
- 4 ‰ der Summe der gesamten Umsätze und der im Kalenderjahr aufgewendeten Löhne und Gehälter.

Voraussetzung hierfür ist, dass der gemeinnützige Verein eine Zuwendungsbescheinigung, die früher auch „Spendenbescheinigung" genannt wurde, ausstellt. Die vom Gesetzgeber im Zusammenhang mit Zuwendungsbescheinigungen gewährte Möglichkeit ist mit verschiedenen Verpflichtungen für den Verein verbunden, die einen Missbrauch verhindern sollen.

Wann liegt eine Zuwendung vor?

Gegenstand von Zuwendungen kann zum Beispiel sein:

- Bargeld, eine Überweisung
- Sachwerte, wie zum Beispiel Vermögensgegenstände, Wertpapiere, Grundstücke
- Dem Verein kann eine bestehende Forderung übertragen oder eine neue Forderung eingeräumt werden. Es kann auch auf eine gegen den Verein bestehende Forderung verzichtet werden.

Soll eine Zuwendung steuerlich für den Spender abzugsfähig sein, so ist es erforderlich, dass sie

- freiwillig und
- unentgeltlich

erfolgt. Dies ist der Fall, wenn der Zuwendung keine Gegenleistung des Vereins gegenübersteht. Dabei kommt es nicht darauf an, ob der Verein rechtlich zur Gegenleistung verpflichtet ist. Eine abzugsfähige Zuwendung liegt bereits dann nicht mehr vor, wenn der Spender irgendeinen besonderen Vorteil erwartet – vielmehr muss die Spendenmotivation im Vordergrund stehen. Jeder Zusammenhang mit einem Vorteil für den Spender ist daher schädlich!

!

Tipp 120: Beitrittsspende ist keine echte Spende

Wird im Zusammenhang mit dem Beitritt zum Verein eine Spende geleistet, so ist diese als sog. „Beitrittsspende" meist nicht freiwillig und damit nicht abzugsfähig.

Für eine Beitrittsspende darf keine Zuwendungsbescheinigung ausgestellt werden. Maßgebend sind hier für die Finanzverwaltung nicht nur die Satzung und eventuelle Vereinbarungen o. Ä. Die Finanzverwaltung nimmt eine faktische Verpflichtung für das beitretende Mitglied regelmäßig an, wenn mehr als 75 % der neu eintretenden Mitglieder neben der Aufnahmegebühr zusätzlich eine gleich oder ähnlich hohe Sonderzahlung leisten.

Tipp 121: Zuwendung durch Erben keine Spende

Erhält der Verein eine Zuwendung von einem Erben, weil dieser durch eine Auflage des Erblassers hierzu verpflichtet war, so ist diese Zuwendung nicht freiwillig. Eine Zuwendungsbestätigung darf hier ebenfalls nicht ausgestellt werden.

Auch bei Zahlungen an den Verein, die z. B. auf Auflagen der Gerichte aus Strafverfahren beruhen, handelt es sich nicht um eine freiwillige Spende – eine Zuwendungsbestätigung ist ausgeschlossen.

Tipp 122: Keine Aufteilung

Das Entgelt für eine Leistung des Vereins oder eines Dritten kann nicht teilweise eine Spende darstellen!

Beispiel: Eintrittsgeld/Spende bei Benefiz-Event

Wird das Eintrittsgeld zu einer Benefizveranstaltung teilweise auch als „Spende" bezeichnet, so darf für diese Spende keine Zuwendungsbescheinigung ausgestellt werden.

Eine Zuwendungsbestätigung darf nur für eine Spende für bestimmte Zwecke ausgestellt werden. Früher gab es bestimmte Zwecke, die als besonders förderungswürdig anerkannt waren und für die ein erhöhter Sonderausgabenabzug geltend gemacht werden konnte. Zudem waren die begünstigten Zwecke in einer Anlage zur Einkommensteuer-Durchführungsverordnung zusammengefasst, sie wichen teilweise von den als gemeinnützig anerkannten Zwecken ab.

Diese Unterscheidung wurde 2007 beseitigt. Die Unterscheidung zwischen gewöhnlichen und besonders förderungswürdigen Zwecken ist entfallen. Die Zwecke, für die mit steuerlichen Vorteilen für den Zuwendenden gespendet werden darf, entsprechen jetzt den allgemeinen steuerbegünstigten Zwecken (vgl. oben Seite 17).

!

Tipp 123: Seit 2007 begünstigte Vereine

Vereine, die das Wohlfahrtswesen fördern, ohne an einen Spitzenverband der freien Wohlfahrtspflege angeschlossen zu sein, sowie Vereine, die das demokratische Staatswesen fördern, sind seit 2007 grundsätzlich spendenbegünstigt.

Sachspende

Unter einer „Sachspende" versteht man alle Wertabgaben, die der Verein erhält. Hierzu gehören z. B. auch gebrauchte Gegenstände.

Tipp 124: Nutzungen/Leistungen keine Sachspende

Zu den Sachspenden gehören keine Nutzungen und Leistungen! Hier kommt allenfalls eine Aufwandsspende in Betracht.

Beispiele für Nutzungen und Leistungen

Die ehrenamtliche Arbeitsleistung gegenüber dem Verein, das unentgeltliche Überlassen von Räumen, eines Pkws etc. an den Verein.

In der Zuwendungsbescheinigung für eine Sachspende muss genau aufgezeichnet sein, was gespendet wurde. Schwierig ist es meist, den Wert der Sache zu bestimmen. Das Gesetz bezieht sich hier auf den sog. „gemeinen Wert". Dies ist der Wert, der im gewöhnlichen Geschäftsverkehr je nach Beschaffenheit des Wirtschaftsguts bei einer Veräußerung zu erzielen wäre. Dabei sind alle Umstände, die den Preis beeinflussen, mit einzubeziehen. Ungewöhnliche oder persönliche Verhältnisse sind nicht zu berücksichtigen. Seit 1.1.2009 muss zusätzlich darauf geachtet werden, ob aufseiten des Zuwendenden ein steuerlicher Gewinn realisiert wurde oder nicht. Dadurch soll verhindert werden, dass nicht versteuerte Wertzuwächse in den steuerfreien Bereich des Vereins übertragen werden.

Beispiel: Das muss berücksichtigt werden

Bei gebrauchter Kleidung müssen die für eine Schätzung maßgeblichen Faktoren wie Neupreis, Zeitraum zwischen Anschaffung und Weggabe und der tatsächliche Erhaltungszustand aufgezeichnet werden.

Tipp 125: Vorsicht bei Weiterverkauf

Ist die gebrauchte Kleidung zum Weiterverkauf bestimmt, so wird in vielen Fällen keine Zuwendung in den steuerfreien Bereich des Vereins vorliegen, denn der Altkleiderhandel ist regelmäßig ein steuerpflichtiger wirtschaftlicher Geschäftsbetrieb. Eine Zuwendungsbestätigung darf dann nicht ausgestellt werden.

Erfolgt die Spende aus einem Betrieb eines Unternehmens, so benötigen Sie eine Mitteilung des Spenders über den Wert.

Tipp 126: Entnahmewert ermitteln

Maßgebend ist hier der sog. steuerliche Entnahmewert, der auf der Grundlage der Verhältnisse des Unternehmens ermittelt werden muss. Der Wert, den Sie in der Zuwendungsbestätigung ansetzen, darf nicht höher als dieser Entnahmewert sein.

Aufwandsspende

Zeitspenden gibt es nicht. Es ist also nicht möglich, eine Zuwendungsbestätigung dafür auszustellen, dass ein Ehrenamtlicher oder ein Unternehmen für den Verein Zeit investiert hat. Auch andere Nutzungen und Leistungen sind keine Zuwendungen, für die eine Zuwendungsbestätigung ausgestellt werden darf.

Hinter dem Begriff der „Aufwandsspende“ steckt etwas anderes: Aufwendungen zugunsten eines gemeinnützigen

Vereins können nur abgezogen werden, wenn ein Anspruch auf die Erstattung der Aufwendungen durch Vertrag oder Satzung eingeräumt und auf die Erstattung verzichtet worden ist.

Tipp 127: Verzicht darf keine Bedingung sein

Es geht nicht, dass der Verein lediglich bereit ist, eine Vergütung zu bezahlen, wenn diese gleich anschließend als Zuwendung an den Verein zurückgeleitet wird. Dem kommt es gleich, wenn der Verein von vornherein mit einer Zuwendungsbescheinigung „bezahlen" soll.

Bei der Aufwandsspende müssen Sie Folgendes beachten:

- Der Zuwendende muss einen Anspruch auf die Erstattung von Aufwendungen gegenüber dem Verein haben. Dieser Anspruch muss sich aus einem (nicht notwendig schriftlichen) Vertrag oder unmittelbar aus der Satzung ergeben (z. B. wenn die Satzung bestimmt, dass der Vorstand einen Aufwendungsersatz erhält).
- Der Zuwendende muss auf den bestehenden Anspruch verzichten. Im Verzicht liegt also die eigentliche Zuwendung an den Verein und nicht darin, dass der Zuwendende etwas an den Verein geleistet hat.
- Der Anspruch darf nicht unter der Bedingung oder in unmittelbarem Zusammenhang damit vereinbart worden sein, dass der Zuwendende auf den Anspruch verzichten muss.

- Der Anspruch muss angemessen sein. Besonders problematisch ist es, wenn der Verein überhaupt nicht die Mittel gehabt hätte, den Anspruch sofort oder später zu begleichen.

Im Ergebnis handelt es sich damit bei der Aufwandsspende lediglich um eine abgekürzte Geldspende. Der Verzicht auf den Anspruch tritt an die Stelle der Auszahlung mit der anschließenden Rückzahlung an den Verein durch den Spender.

Hinsichtlich der Zuwendungsbestätigung wird die Aufwandsspende wie eine Geldzuwendung behandelt. Es wird also lediglich der Betrag angegeben, der gespendet wurde.

Alle Einzelheiten zum Anspruch und zum Verzicht müssen sich aber aus den Unterlagen des Vereins ergeben.

Auf den Punkt gebracht

Zuwendungen (Spenden) werden steuerlich gefördert. Die Möglichkeit, entsprechende Zuwendungsbestätigungen auszustellen, kann der gemeinnützige Verein für die Finanzierung seiner steuerbegünstigten Ziele einsetzen.

Mitgliedsbeiträge

Mitgliedsbeiträge sind abzugsfähigen Zuwendungen teilweise gleichgestellt – und dies, obwohl sie nicht freiwillig geleistet werden, denn regelmäßig besteht eine Zahlungsverpflichtung auf der Grundlage der Satzung.

Mitgliedsbeiträge sind damit wie Zuwendungen aufseiten des Mitglieds abzugsfähig, wenn nicht einer der folgenden Fälle vorliegt. Nicht abzugsfähig sind

- Beiträge an Vereine, die den Sport fördern;
- Beiträge an Vereine, die kulturelle Betätigungen fördern, die in erster Linie der Freizeitgestaltung dienen;
- Beiträge an Vereine, die die Heimatpflege und Heimatkunde fördern;
- Beiträge an Vereine, die die Tierzucht, die Pflanzenzucht, die Kleingärtnerei, das traditionelle Brauchtum einschließlich des Karnevals, der Fastnacht und des Faschings, die Soldaten- und Reservistenbetreuung, das Amateurfunken, den Modellflug und den Hundesport fördern;

Tipp 128: Problem – kulturelle Zwecke

Bei der Förderung kultureller Zwecke wird nach wie vor zwischen kulturellen Betätigungen, die in erster Linie der Freizeitgestaltung dienen, und der rein altruistischen Förderung von Kunst und Kultur differenziert. Es gab Bestrebungen, auch geringe Leistungen solcher Vereine an ihre Mitglieder als schädlich für die Abzugsfähigkeit der Beiträge zu bewerten. Dies wurde ab 1.1.2009 klargestellt. Es gilt daher:

- Beiträge, wenn die eigene Freizeitgestaltung im Vordergrund steht, z. B. die kulturelle Betätigung der Mitglieder in einem Laienorchester, Laientheater oder Chor.

Beiträge an andere Kulturvereine sind in der Regel abzugsfähig. Dies gilt auch dann, wenn der Verein dem Mitglied Vergünstigungen wie z. B. freien oder ermäßigten Eintritt gewährt. Dies gilt aber nicht grenzenlos (vgl. oben, Seite 95)!

Zuwendungsbestätigungen

Die Zuwendungsbestätigungen, die der Verein ausstellt, müssen den von den Finanzbehörden vorgegebenen Vordrucken entsprechen. Im Zuge der Änderungen durch das Gesetz zur Stärkung des bürgerschaftlichen Engagements hat das Bundesministerium der Finanzen mit dem Schreiben vom 13.12.2007 neue Vordrucke herausgegeben. Alte Vordrucke konnten noch bis zum 31.12.2008 verwendet werden.

Tipp 129: Vordruck im Internet

Das Schreiben des Bundesministeriums der Finanzen vom 13.12.2007 ist derzeit auf der Homepage www.bundesfinanzministerium.de unter der Rubrik „BMF-Schreiben" verfügbar – hier können Sie sich den amtlichen Vordruck für Zuwendungsbestätigungen herunterladen.

In folgenden Fällen ist ein vereinfachter Zuwendungsnachweis möglich:

- Ohne betragsmäßige Begrenzung zur Hilfe in Katastrophenfällen. Die Einzahlung der Spender muss dann auf bestimmte Sonderkonten innerhalb eines bestimmten

Zeitraums geleistet werden, der durch die Finanzverwaltung bestimmt wird.

- Bei Zuwendungen bis 200 Euro genügt der Nachweis durch Bareinzahlungsbeleg oder Buchungsbestätigung und einen Beleg des Zuwendungsempfängers mit Angaben über seine Steuerbegünstigung. Dies gilt grundsätzlich auch im Lastschriftverfahren.

Aufbewahrungs- und Dokumentationspflichten

Der Verein muss Aufzeichnung über die Zuwendungen und ihre zweckentsprechende Verwendung führen. Er hat ein Doppel der Zuwendungsbestätigung aufzubewahren.

Bei Sachzuwendungen und beim Verzicht auf Erstattung von Aufwand müssen sich aus den Aufzeichnungen auch die Grundlagen für den bestätigten Wert der Zuwendung ergeben.

Was darf der Verein mit Spenden machen?

Spenden gehören grundsätzlich zu den zeitnah zu verwendenden Mitteln. Deshalb darf der gemeinnützige Verein Spenden, für die er eine Zuwendungsbestätigung ausgestellt hat, nur für steuerbegünstigte Zwecke verwenden. Nur ausnahmsweise darf er das, was er erhalten hat, seinem Vermögen zuführen. Fast immer ist es problematisch, wenn der Verein Spendenmittel im steuerpflichtigen wirtschaftlichen Geschäftsbetrieb verwendet (vgl. Seite 80 ff.).

Tipp 130: Nicht begünstigte Spenden

Spenden für den steuerpflichtigen wirtschaftlichen Geschäftsbetrieb (z. B. Fest- oder Verkaufsveranstaltungen) sind nicht begünstigt!

Tipp 131: Vermögenszuführung bestätigen lassen

Um den Verein mit einer weiteren finanziellen Grundlage auszustatten, können Sie den Spender bitten, dem Verein zu bestätigen, dass er die Spende seinem Vermögen zuführen darf und sie nicht sofort ausgeben muss.

Tipp 132: Verluste mit Spenden ausgleichen

Sollen Verluste im steuerpflichtigen wirtschaftlichen Geschäftsbetrieb mit Zuwendungen ausgeglichen werden, um die Gemeinnützigkeit des Vereins nicht zu gefährden, dürfen hier keine Zuwendungsbestätigungen nach dem amtlich vorgeschriebenen Muster ausgestellt werden. Lassen Sie sich vom Zuwendenden ausdrücklich bestätigen, dass die Zuwendungen für den steuerpflichtigen wirtschaftlichen Geschäftsbetrieb bestimmt sind!

Auf den Punkt gebracht

Der Verein darf Zuwendungen, für die er Zuwendungsbescheinigungen ausstellt, mit denen der Spender seine Steuerlast mindern kann, nur für steuerbegünstigte Zwecke einsetzen.

Spendenhaftung

Als Gegengewicht dazu, dass der Spender steuerliche Vorteile aus seiner Zuwendung geltend machen kann, hat der Gesetzgeber Regelungen geschaffen, die einen Missbrauch vermeiden sollen.

Kernpunkt ist, dass der Verein oder derjenige, der die Zuwendungsbestätigung ausgestellt hat, in bestimmten Fällen gegenüber dem Finanzamt in einer bestimmten Höhe haftet: Der Betrag beläuft sich auf insgesamt bis zu 45 % der bescheinigten Zuwendung (30 % im Rahmen der Ertragsteuern, 15 % im Rahmen der Gewerbesteuer). Diese Haftung ist in vielen Fällen verschuldensunabhängig und auch unabhängig davon, ob der Spender die steuerlichen Vorteile tatsächlich genutzt hat oder hätte nutzen können.

Unterschieden wird zwischen der

- **Ausstellerhaftung**, also der Haftung dafür, dass vorsätzlich oder grob fahrlässig eine unrichtige Bestätigung ausgestellt wird, und der
- **Veranlasserhaftung**, also der Haftung dafür, dass Zuwendungen nicht zu den in der Bestätigung angege-

benen steuerbegünstigten Zwecken verwendet werden. Seit 1.1.2009 ist hier durch eine Gesetzesänderung klargestellt, dass das Finanzamt vorrangig den Verein in Anspruch nehmen muss und erst nachrangig die für den Verein handelnden Personen. Deren Haftung kommt damit insbesondere dann in Betracht, wenn das Finanzamt vergeblich versucht hat, gegen den Verein zu vollstrecken.

Die Haftung für Fehler im Zusammenhang mit Zuwendungsbestätigungen macht einmal mehr deutlich, dass auch für gemeinnützige Vereine und ihre Verantwortlichen gewisse Grundkenntnisse des Steuerrechts oder jedenfalls ein gewisses Problembewusstsein in der alltäglichen Arbeit unabdingbar sind.

Auf den Punkt gebracht

Die Spendenhaftung ist das Pendant zu den Vorteilen, die der Spender mithilfe der vom Verein ausgestellten Zuwendungsbestätigungen geltend machen kann. Die mit den Zuwendungsbestätigungen verbundenen Voraussetzungen müssen deshalb ernst genommen werden.

Stichwortverzeichnis

Der Autor

Christof Wörle-Himmel ist als Rechtsanwalt und Steuerberater in dem national und international tätigten Beratungsunternehmen Rödl & Partner in Nürnberg tätig. Er berät im Schwerpunkt Unternehmen der Sozialwirtschaft, z. B. Krankenhäuser, Senioreneinrichtungen, die sich in der Trägerschaft von Wohlfahrtsverbänden und der öffentlichen Hand befinden, aber auch Interessen- und Berufsverbände. Beratungsschwerpunkte sind die Gebiete des Gesellschaftsrechts (Vereine, gGmbH, Stiftungen und Einrichtungen der öffentlichen Hand) und des Steuerrechts, insbesondere die Gemeinnützigkeit. Auf diesen Gebieten sind von Christof Wörle-Himmel mehrere Publikationen erschienen, darunter auch der dtv-Rechtsratgeber „Vereine gründen und erfolgreich führen".

Impressum:

Verlag C. H. Beck im Internet: www.beck.de
ISBN: 978-3-406-58813-6

Wilhelmstraße 9, 80801 München

Lektorat und DTP: Text + Design Jutta Cram, 86157 Augsburg, www.textplusdesign.de
Umschlaggestaltung: Ralph Zimmermann, Bureau Parapluie, 85253 Großberghofen
Umschlagbild: © alice rawson – Fotolia.com
Druck und Bindung: Druckerei C. H. Beck, Nördlingen
(Adresse wie Verlag)

Gedruckt auf säurefreiem, alterungsbeständigem Papier
(hergestellt aus chlorfrei gebleichtem Zellstoff)